新时代大学生国防教育书系

新时代军事技能训练

杨文哲　康　磊　编著

首都师范大学出版社
CAPITAL NORMAL UNIVERSITY PRESS

图书在版编目（CIP）数据

新时代军事技能训练/杨文哲，康磊编著．—北京：首都师范大学出版社，2022.4

ISBN 978-7-5656-6742-8

Ⅰ.①新… Ⅱ.①杨… ②康… Ⅲ.①军事训练－高等学校－教材 Ⅳ.①G641.8

中国版本图书馆CIP数据核字（2021）第198321号

XINSHIDAI JUNSHI JINENG XUNLIAN

新时代军事技能训练

杨文哲　康　磊　编著

责任编辑　钱　浩

首都师范大学出版社出版发行

地　址　北京西三环北路105号

邮　编　100048

电　话　68418523（总编室）　68982468（发行部）

网　址　http://cnupn.cnu.edu.cn

印　刷　北京建宏印刷有限公司

经　销　全国新华书店

版　次　2022年4月第1版

印　次　2022年4月第1次印刷

开　本　710mm×1000mm　1/16

印　张　12

字　数　173千

定　价　38.00元

总　　序

国无防不立，民无防不安。伴随人类社会发展与安全需要，国防随之产生，成为维系国家、民族生死存亡的柱石。国防建设是中国现代化建设的一项战略任务，开展国防教育对建设和巩固国防发挥着基础工程的作用。

天下虽安，忘战必危。当今世界，军事革命迅猛发展，战争形态加速演变为信息化战争，并向智能化演进，速度之快、范围之广、程度之深前所未有。世界主要国家纷纷调整安全战略、军事战略，调整军队组织形态，力求抢占优势，赢得先机。当前，我国正处在由大向强发展的关键阶段，一些敌对势力无所不用其极，对我采取战略围堵、经济压制、政治诋毁、文化渗透、科技封锁、网络破坏等各种手段，妄图遏制我发展壮大。国防教育作为构筑民族精神的重要手段、体现国家意志的重要方式，政治属性十分鲜明。习主席在言及中国近代历史时曾说："一看到落后挨打的悲惨场景就痛彻肺腑。"面对惨痛的历史教训、复杂的现实环境和民族复兴的重任，我们深刻意识到，必须筑起全民国防的心理长城，厚植强军兴军的群众基础。

时移则世异，世异则备变。开展国防教育应注重时代创新，真正使国防教育入脑入心。党的十八大以来，习主席立足国家安全与发展战略全局，提出在推动军民融合深度发展国家大战略背景下加快深化国防教育改革，并将其纳入国防和军队改革总体布局，上升为党的意志和国家行为。习主席在庆祝中国人民解放军建军 90 周年大会上强调："我们的国防是全民的国防，推进国防和军队现代化是全党全国人民的共同事业。中央和国家机关、地方各级党委和政府要强化国防意识，满腔热忱支持国防和军队建设改革，为强军创造良好条件，提供有力支撑。"党的十九大报告指出，我们的军队是人民的军队，我们的国防是全民的国防，要加强全民国防教育，巩固军政军民团结，为实现中国梦、强军梦凝聚强大力量。这一论述为新时代加强全民国防教育提供了根本遵循，指明了前进方向。

高校国防教育是全民国防教育的重要组成部分，是实施素质教育的重要内容。实践表明，国防教育理论和军事技能训练在增强大学生国防意识、激发大学生爱国热情、提高大学生素质等方面发挥着重要作用，还肩负着启迪心智、凝聚共识、成风化人的神圣使命。迈进新时代，踏上新征程。作为国防教育理论研究者、军事指挥教员，有责任为国防教育尽心出力，在喜迎党的二十大、建军 95 周年之际，新时代大学生国防教育书系陆续问世，作为军事通俗理论读物，助力大学生国防教育，为全民国防教育添砖加瓦。

编　者

2022 年 4 月

前　言

高校国防教育是全民国防教育的重要组成部分，是实施素质教育的重要内容。2019 年 1 月 11 日，教育部与中央军委国防动员部印发新的《普通高等学校军事课教学大纲》(教体艺〔2019〕1 号，以下简称《大纲》)，《大纲》以全面贯彻习近平强军思想、新时代军事战略方针、党的教育方针和总体国家安全观为根本指引，着眼培育和践行社会主义核心价值观，引导新时代大学生树立正确的国家安全观，夯实未来一代的国防意识和军事素养。

本书系把握新时代、新使命、新征程的根本要求，紧跟国防和军队改革新形势，坚持把习近平新时代中国特色社会主义思想作为主课程，充分发挥其思想火炬、时代灯塔的引领力，贯穿国防教育的全过程、各方面，弘扬"爱我人民爱我军、同心共筑中国梦"的主基调，夯实"建设什么样的国防、维护什么样的和平、打赢什么样的战争"的思想基础，始终确保全民国防教育正确的政治方向，着眼于内容为本的理念，把反映新时代国防和军队改革的新知识、新内容、新成果充实进来，明确高校开展国防教育的目标，让学生了解掌握军事基础知识和基本军事技能，以增强青年大学生的国防观念、国家安全意识和忧患危机意识，弘扬爱国主义精神，传承红色基因，提高综合国防素质。通过提高国防教育理论、军事技能训练的针对性来助力提升大学生国防教育质量。

由于国防教育研究和实践需要不断深化、突破和创新，因个人学术和研究水平有限，本书系在编写过程中难免存在不足之处，希望国防教育领域的专家和广大读者提出批评和意见建议，以便我们不断深化认识和修改完善。

编　者

2022 年 4 月

目　录

第一章　队列训练

队列训练，是单个军人、部队（分队）按照《队列条令》规定内容进行的活动。是技术、战术动作训练的基础，也是反映部队精神面貌和正规化建设的必要形式。

2018 年 4 月，中央军委主席习近平签署命令，发布新修订的《中国人民解放军内务条令（试行）》《中国人民解放军纪律条令（试行）》《中国人民解放军队列条令（试行）》。三大新条令自 2018 年 5 月 1 日起施行。

第一节　单个军人队列动作

一、立正

口令：立正。

动作要领。两脚跟靠拢并齐，两脚尖向外分开约 60 度；两腿挺直；小腹微收，自然挺胸；上体正直，微向前倾；两肩要平，稍向后张；两臂下垂自然伸直，手指并拢自然微曲，拇指尖贴于食指第二节，中指贴于裤缝；头要正，颈要直，口要闭，下颌微收，两眼向前平视（见图 1-1）。

立正时，要精神振奋，姿态端正，军容严整，表情自然，做到“三挺、三收、三贴、一平、一睁、一顶、一准、一正”。

“三挺”：挺腿，两腿并拢挺直，两膝后压，做到两腿之间无明显缝隙；挺胸，小腹微收，腰杆挺直，两肩稍向后张，胸部自然向前、向上挺，使胸部衣服平展；挺颈，颈部挺直，贴于后衣领。

“三收”：收小腹，小腹微收，同时上提，与挺胸相协调；收臀部，臀

图 1-1　徒手立正姿势

部肌肉收紧上提，与收腹、挺腰相协调；收下颌，下颌自然微收。

“三贴”：两臂贴于身体，中指贴于裤缝，拇指尖贴于食指第二节。

“一平”：两肩要平。

“一睁”：眼睛自然睁大、有神，平视正前方。

“一顶”：身体正直向上拔，头向上顶。

“一准”：两脚尖向外分开的角度(60 度)要准。

“一正”：站立的方向要正，使两脚尖连线中心点、衣扣线、鼻尖、帽徽形成一条直线。

二、跨立

跨立(跨步站立)，主要用于军体操、执勤和舰艇上分区列队等场合。可以与立正互换。

口令：跨立。

动作要领。左脚向左跨出约一脚之长，两腿挺直，上体保持立正姿势，身体重心落于两脚之间。两手后背，左手握右手腕，拇指根部与外腰带下沿(带上沿)等高；右手手指并拢自然弯曲，手心向后。携枪时不背手(见图 1-2)。

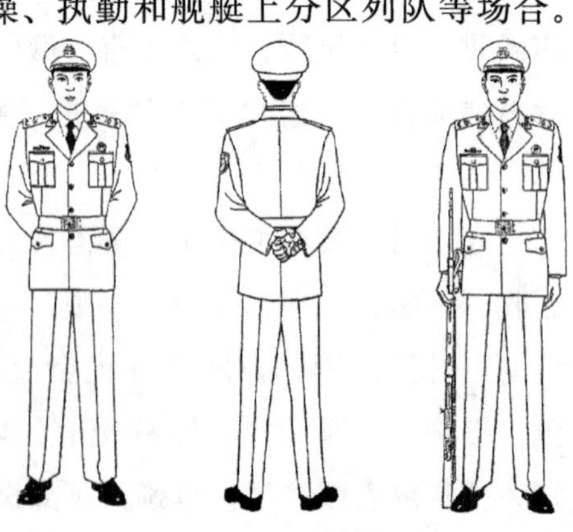

图 1-2　跨立姿势

三、稍息

口令：稍息。

动作要领。左脚顺脚尖方向伸出约全脚的2/3，两腿自然伸直，上体保持立正姿势，身体重心大部分落于右脚。携枪(筒)时，携带的方法不变，其余动作同徒手。稍息过久，可以自行换脚。

稍息时，要姿势端正，动作准确、自然。做到“两快、两准、一正”。

“两快”：出脚快，左胯稍上提，使脚掌稍微脱离地面，两腿挺直，脚腕用力，脚顺脚尖方向迅速伸出；收脚快，左跨稍上提，腿伸直同时膝盖后压，使脚掌稍微脱离地面，脚腕用力迅速收回。

“两准”：左脚伸出的距离准，左脚顺脚尖方向伸出全脚的2/3；脚收回的位置准，脚收回时，两脚跟靠拢并齐，成立正姿势。

“一正”：左脚伸出和收回时，上体要始终保持立正姿势。

四、停止间转法

停止间转法是停止间变换方向的方法，分为向右(左)转、半面向右(左)转和向后转。

(一)向右(左)转

口令：向右(左)——转。

听到“向右(左)——转”的口令，以右(左)脚跟为轴，右(左)脚跟和左(右)脚掌前部同时用力，使身体协调一致向右(左)转90度，体重落在右(左)脚，左(右)脚取捷径迅速靠拢右(左)脚，成立正姿势。转动和靠脚时，两腿挺直，上体保持立正姿势。

(二)半面向右(左)转

口令：半面向右(左)——转。

听到“半面向右(左)——转”的口令，按照向右(左)转的要领转45度。

(三)向后转

口令：向后——转。

听到“向后——转”的口令，按照向右转的要领向后转180度。

(四)持枪转动

除按照徒手动作要领外，听到预令，将枪稍提起，拇指贴于右胯，使枪随身体平稳转向新方向，托前踵轻轻着地，成持枪立正姿势。

停止间转法时，要保持上体正直，身体和脚协调一致地转动。做到“两快、两稳、一正、一准、一协调”。

“两快”：转体要快。利用脚跟、脚掌相反方向瞬间地用力，转向新方向，同时脚跟适当外摆；靠脚要快，脚掌离开地面的同时，脚腕用力取捷径迅速靠脚。

“两稳”：转体时上体要稳，保持良好的军姿；转体与靠脚之间要稍稳（转体、靠脚各占半拍）。

“一正”：转体后方向要正(45 度、90 度、180 度)。

“一准”：靠脚后两脚分开 60 度的角度要准。

“一协调”：转体时上、下体动作要协调，上体随下体平稳转向新方向（避免上体带动下体转动）。

五、坐下、起立

(一)徒手坐下、起立

口令：坐下；起立。

左小腿在右小腿后交叉，迅速坐下，手指自然并拢放在两膝上，上体正直。

听到“起立”的口令，全身协力迅速起立，成立正姿势。

(二)携枪坐下、起立

口令：枪靠右肩——坐下；起立。

携枪坐下时，两腿按照徒手坐下的要领进行，尔后枪靠右肩(枪面向右)，右手自然扶贴护木，左手手指自然并拢，放在左膝上。携 95 式自动步枪坐下时，听到“右手扶枪——坐下”的口令，两腿按照徒手坐下的要领进行，同时将枪置于右小腿前侧，枪身与地面垂直，枪面向后；右手自然扶握上护盖前端，左手手指自然并拢，放在左膝上。肩枪坐下时，听到预令，右手移握下护手前端，使背带从肩上滑下，将枪取下。

听到“起立”的口令，全身协力迅速起立，成持枪、肩枪立正姿势。

六、蹲下、起立

口令：蹲下；起立。

右脚后退半步，前脚掌着地，臀部坐在右脚跟上（膝盖不着地），两腿分开约60度（女军人两腿自然并拢），手指自然并拢放在两膝上，上体保持正直。蹲下过久，可以自行换脚（见图1-3）。

图1-3　蹲下

持枪时，右手移握护木（95式班用机枪，握上护盖前端），左手手指自然并拢，放在左膝上。

听到“起立”的口令后，全身协力迅速起立，成立正姿势或者成持枪、肩枪立正姿势。

七、脱帽、夹帽、戴帽

（一）脱帽、戴帽

口令：脱帽；戴帽。

立姿脱帽时，双手捏帽檐或者帽前端两侧，将帽取下，取捷径置于左小臂，帽徽朝前，掌心向上，四指扶帽檐或者帽墙前端中央处，小臂略成水平，右手放下（见图1 4）。

图1-4　脱帽

坐姿脱帽时，双手捏帽檐或者帽前端两侧，将帽取下，置于桌（台）面前沿左侧或者膝上（帽顶向上，帽徽朝前），也可以置于桌斗内。

戴贝雷帽脱帽不便放置时，将帽左右向内折叠，左手将左肩袢提起，右手将帽插入左肩袢下，帽顶向上，帽徽朝前。

听到“戴帽”的口令，双手捏帽檐或者帽前端两侧，取捷径将帽迅速戴正。

脱帽、戴帽时，要迅速、准确，节奏明显。做到“两快、两准、两正、一稳、一明显”。

“两快”：脱帽和戴帽动作要快。

“两准”：两手捏帽檐的位置准；左手托帽檐的位置准(四指扶帽檐或者帽墙前端中央处的位置要准)。

“两正”：将帽置于左小臂，帽徽向前的方向要正；两手将帽迅速戴正。

“一稳”：上体保持正直稳固。

“一明显”：动作节奏要明显。

(二)夹帽、戴帽

口令：夹帽；戴帽。

动作要领。双手捏帽檐或帽前端两侧，取捷径将帽取下，左手握帽墙(女军人戴卷檐帽时，四指并拢，置于下方帽檐与帽墙之间)，小臂夹帽自然伸直，帽顶向左，帽徽朝前。

听到“戴帽”的口令后，右手捏帽檐右角；左手捏帽檐左角，两手协力将帽迅速戴正；两手放下，成立正姿势。

动作要点。夹帽时，要迅速、准确。做到“两快、两准、两正、一稳、一明显”。

“两快”：夹帽和戴帽动作要快。

“两准”：夹帽时，军帽位于左侧胯部位置要准；左手握帽墙的位置要准。

“两正”：夹帽时，帽徽向前方向要正；两手取捷径迅速将帽戴正。

“一稳”：夹帽、戴帽时，上体要保持正直稳固。

“一明显”：动作节奏要明显。

八、行进与立定

行进的基本步法分为齐步、正步和跑步，辅助步法分为便步、踏步、移步和礼步。

(一)齐步行进与立定

齐步是军人行进的常用步法。

口令：齐步——走；立——定。

图 1-5　齐步

动作要领。左脚向正前方迈出约 75 厘米，按照先脚跟后脚掌的顺序着地，同时身体重心前移，右脚照此法动作；上体正直，微向前倾；手指轻轻握拢，拇指贴于食指第二节；两臂前后自然摆动，向前摆臂时，肘部弯曲，小臂自然向里合，手心向内稍向下，拇指根部对正衣扣线，并高于春秋常服最下方衣扣约 5 厘米(着夏常服、水兵服时，高于内腰带扣中央约 5 厘米；着作训服时，与外腰带扣中央同高)，离身体约 30 厘米；向后摆臂时，手臂自然伸直，手腕前侧距裤缝线约 30 厘米。行进速度每分钟 116～122 步(见图 1-5)。

听到“立——定”的口令后，左脚再向前大半步着地(脚尖向外约 30 度)，两腿挺直，右脚取捷径迅速靠拢左脚，成立正姿势。

动作要点。齐步行进时，要精神振作，姿态端正，两眼注视前方；腰部挺直，自然挺胸、挺颈；脚向前迈出时，腿要自然伸直，按脚跟至脚掌的顺序着地，步幅、步速准确；摆臂自然大方、定型定位；步法稳健，节奏分明。做到“两准、两稳、一协调”。

“两准”：步幅、步速准；臂摆出后定位准。

“两稳”：臂摆出后定位要稳(臂向前、后摆到位后要迅速定位)；上体要稳(行进时，要保持上体正直姿势)。

“一协调”：腿臂动作要协调自如。

(二)正步行进与立定

正步主要用于分列式和其他礼节性场合。

口令：正步——走；立——定。

动作要领。左脚向正前方踢出约 75 厘米(腿要绷直，脚尖下压，脚掌与地面平行，离地面约 25 厘米)，适当用力使全脚掌着地，同时身体重心前移，右脚照此法动作；上体正直，微向前倾；手指轻轻握拢，拇指伸直

图 1-6 正步

贴于食指第二节；向前摆臂时，肘部弯曲，小臂略成水平，手心向内稍向下，手腕下沿摆到高于春秋常服最下方衣扣约 15 厘米处（着夏常服、水兵服时，高于内腰带扣中央约 15 厘米处；着作训服时，高于外腰带扣中央约 10 厘米处），离身体约 10 厘米；向后摆臂时（左手心向右，右手心向左），手腕前侧距裤缝线约 30 厘米。行进速度每分钟 110～116 步（见图 1-6）。

听到“立——定”的口令后，左脚再向前大半步着地（脚尖向外约 30 度），两腿挺直，右脚取捷径迅速靠拢左脚，同时将手放下，成立正姿势。

动作要点。正步行进时，要姿势端正，精神振奋，动作准确、协调、大方，力度、节奏感强。做到“四快、四准、两直、两稳、两挺、两平、一协调”。

“四快”：踢脚快（脚腕用力带动小腿，小腿带动大腿，迅速向正前方踢出）；摆臂快（手腕用力带动小臂，两臂微贴身体迅速摆动）；脚着地快（脚尖下压，全脚掌用力着地）；身体重心前移快（脚着地，身体重心迅速随之前移）。

“四准”：脚踢出高度准（脚向正前方踢出，脚掌距地面约 25 厘米）；臂摆出的位置准（向前摆臂时，肘部弯曲约成 90 度，手臂略成水平，手心向内稍向下约 20 度，手腕下沿摆到高于春秋常服最下方衣扣约 15 厘米处，离身体约 10 厘米；向后摆臂时，手要依裤线向后摆，不向外张、里合，手腕前侧距裤缝线约 30 厘米）；步幅准（每步 75 厘米）；步速准（每分钟行进约 110～116 步）。

“两直”：两腿要挺直；上体保持正直。

“两稳”：踢腿到位要稳，脚着地后身体要稳。

“两挺”：挺胸、挺腿。

“两平”：向前摆臂小臂略平，脚掌与地面平行。

“一协调”：臂腿要协调一致。

(三)跑步行进与立定

跑步主要用于快速行进。

口令：跑步——走；立——定。

动作要领。听到预令，两手迅速握拳(四指蜷握，拇指贴于食指第一关节和中指第二节)，提到腰际，约与腰带同高，拳心向内，肘部稍向里合。听到口令，上体微向前倾，两动腿微弯，同时左脚利用右脚掌的蹬力跃出约 85 厘米，前脚掌先着地，身体重心前移，右脚照此法动作；两臂前后自然摆动，向前摆臂时，大臂略垂直，肘部贴于腰际，小臂略平，稍向里合，两拳内侧各距衣扣线约 5 厘米；向后摆臂时，拳贴于腰际。行进速度每分钟 170～180 步(见图 1-7)。

图 1-7 跑步

立定时，听到口令，再跑 2 步，然后左脚向前大半步(两拳收于腰际，停止摆动)着地，右脚取捷径靠拢左脚，同时将手放下，成立正姿势。

动作要点。跑步行进时，上体端正，两眼注视前方；摆臂自然大方，定型、定位；步法轻快有节奏。做到“一快、一跃、一平、一合、一贴、两不露”。

“一快”：两手握拳提到腰际要快。

“一跃”：利用脚掌的蹬力向前跃出。

“一平”：向前摆臂时，小臂略平。

“一合”：肘部稍向里合。

“一贴”：两臂贴身体两侧摆动。

“两不露”：向前摆臂不露肘，向后摆臂不露手。

(四)便步

便步用于行军、操练后恢复体力及其他场合。

口令：便步——走。

动作要领。听到“便步——走”的口令，用适当的步速、步幅行进，两臂自然摆动，上体保持良好姿态。

动作要点。队列人员要自觉地用适当的步速、步幅行进，从而达到恢复体力的目的。

(五)踏步与立定

踏步用于调整步伐和整齐。

停止间口令：踏步——走；立——定。

行进间口令：踏步；前进。

动作要领。两脚在原地上下起落(抬起时，脚尖自然下垂，离地面约 15 厘米；落下时，前脚掌先着地)，上体保持正直，两臂按照齐步或者跑步摆臂的要领摆动(见图 1-8)。

图 1-8　踏步

听到“立——定”的口令，左脚踏 1 步，右脚靠拢左脚，原地成立正姿势(跑步的踏步，听到口令，继续踏 2 步，再按照上述要领进行)。

在齐步、跑步行进中，听到“踏步”的口令，从左脚开始(跑步踏步时，继续向前跑 2 步，再从左脚开始)按原步法的步速和踏步的要领实施。

听到“前进”的口令，继续踏 2 步，再从左脚开始换齐步或跑步行进。

动作要点。踏步时，两脚垂直上下起落，两臂按照齐步或者跑步摆臂的要领自然摆动。上体保持正直(要收腹、提腰、挺胸、挺颈，头向上顶)，两眼向前平视。

(六)移步(5 步以内)

移步主要用于调整队列位置。

1. 右(左)跨步

口令：右(左)跨×步——走。

要领：上体保持正直，每跨 1 步并脚 1 次，其步幅约与肩同宽，跨到指定步数停止。

2. 向前或后退

口令：向前×步——走。

后退×步——走。

要领：向前移步时，应当按照单数步要领进行(双数步变为单数步)。

向前1步时，用正步，不摆臂；向前3、5步时，按照齐步走的要领进行。向后退时，从左脚开始，每退1步靠脚1次，不摆臂，退到指定步数停止。

右(左)跨步时，身体重心要随脚移动，脚移到位身体重心同时移到位。

向前1步时，左脚向正前踢出，上体和两臂不动，脚着地身体重心随之前移，右脚靠拢左脚，成立正姿势。

(七)礼步行进与立定

礼步用于纪念仪式中礼兵的行进。

口令：礼步——走。

动作要领。左脚向正前方缓慢抬起(腿要绷直，脚尖上翘，与腿约成90度，脚后跟离地面约30厘米)，按照脚跟、脚掌顺序缓慢着地，步幅约55厘米，右脚照此法动作；上体正直，两臂下垂自然伸直、轻贴身体(抬祭奠物除外)；手指并拢自然微曲，拇指尖贴于食指第二节，中指贴于裤缝(见图1-9)。行进速度每分钟24～30步。

图1-9　礼步

听到"立——定"的口令后，左脚再向前大半步按照脚跟、脚掌顺序缓慢着地(脚尖向外约30度)，两腿挺直，右脚取捷径缓慢靠拢左脚，成立正姿势。

动作要点。脚向正前方缓慢抬起时，上体保持正直稳当。脚缓慢着地时，身体重心平稳缓慢地向前移。

九、敬礼与礼毕

(一)敬礼

1. 举手礼

口令：敬礼。

要领：上体正直，右手取捷径迅速抬起，五指并拢自然伸直，中指微接帽檐右角前约2厘米处(戴无檐帽或者不戴军帽时微接太阳穴，与眉同高)，手心向下，微向外张(约20度)，手腕不得弯曲，右大臂略平，与两肩略成一线，同时注视受礼者。

2. 注目礼

口令：敬礼。

要领：面向受礼者成立正姿势，同时注视受礼者，并目迎目送(右、左转头角度不超过45度)。

3. 举枪礼(用于阅兵式或者执行仪仗任务)

口令：向右看——敬礼。

要领：右手将枪提到胸前，枪身垂直并对正衣扣线，枪面向后，离身体约10厘米，枪口(半自动步枪准星护圈)与眼同高，大臂轻贴右肋；同时左手接握表尺上方(持半自动步枪时虎口对准枪面并与标尺上沿取齐)，小臂略平，大臂轻贴左肋；同时转头向右注视受礼者，并目迎目送(右、左转头角度不超过45度)。

(二)礼毕

口令：礼毕。

要领：听到“礼毕”的口令，行举手礼者，将手放下；行注目礼者，将头转正；行举枪礼者，将头转正，右手将枪放下，使托前踵(半自动步枪托底钣)轻轻着地，同时左手放下，成持枪立正姿势。

(三)单个军人敬礼

要领：单个军人在距受礼者5～7步处，行举手礼或者注目礼。

徒手或者背枪时，停止间，应当面向受礼者立正，行举手礼，待受礼者还礼后礼毕；行进间(跑步时换齐步)，转头向受礼者行举手礼(手不随头转动)，并继续行进，左臂仍自然摆动，待受礼者还礼后礼毕。

携带武器(除背枪)等不便行举手礼时，不论停止间或者行进间，均行注目礼，待受礼者还礼后礼毕。

十、步法变换

步法变换，均从左脚开始。

齐步、正步互换口令：正步——走，齐步——走。

齐步、跑步互换口令：跑步——走，齐步——走。

齐步(跑步)、踏步互换口令：踏步，前进。

(一)动作要领

1. 齐步、正步互换

(1)齐步换正步

在齐步行进中，听到“正步——走”的口令后，右脚继续走1步，从左脚开始换正步行进。

(2)正步换齐步

在正步行进中，听到“齐步——走”的口令后，右脚继续走1步，从左脚开始换齐步行进。

2. 齐步、跑步互换

(1)齐步换跑步

在齐步行进中，听到“跑步”预令，两手迅速握拳提到腰际，两臂前后自然摆动；听到“走”的动令，从左脚开始换跑步行进。

(2)跑步换齐步

在跑步行进中，听到“齐步——走”的口令后，继续跑2步，然后，从左脚开始换齐步行进。

3. 齐步(跑步)、踏步互换

(1)齐步、踏步互换

①齐步换踏步

在齐步行进中，听到“踏步”的口令后，右脚继续走1步，从左脚开始换踏步。

②踏步换齐步

在踏步中，听到“前进”的口令后，继续踏2步，再从左脚开始换齐步行进。

(2)跑步、踏步互换

①跑步换踏步

在跑步行进中，听到“踏步”的口令后，继续跑2步，然后从左脚开始换踏步。

②踏步换跑步

在踏步中，听到“前进”的口令后，继续踏 2 步再从左脚开始换跑步。

(二)动作要点

1. 齐步换正步时，右脚继续向前 1 步的步幅、左脚换正步踢出的高度和摆臂的位置要准确。并保持原行进的步速不变。

2. 正步换齐步时，右脚继续向前踢出的高度和脚着地的步幅要准确、及时；两臂自然。

3. 齐步换跑步时，听到预令，两手应迅速握拳提到腰际，两臂自然摆动，两腿继续按齐步行进；听到动令，从左脚开始换跑步行进。

4. 跑步换齐步时，要在左脚换齐步迈出的同时，两臂换齐步摆臂，臂、腿动作要协调一致。

5. 齐步换踏步后，要动作自然，保持原先行进步速不变。

十一、行进间转法

行进间转法是行进间变换方向的方法。

口令：向右(左)转——走；

半面向右(左)转——走；

向后转——走。

(一)动作要领

1. 齐步、跑步向右(左)转

在齐步、跑步行进中，听到“向右(左)转——走”的口令后，左(右)脚向前半步(跑步时，继续跑 2 步，再向前半步)，脚尖向右(左)约 45 度，身体向右(左)转 90 度时，左(右)脚不转动，同时出右(左)脚按照原步法向新方向行进。

2. 半面向右(左)转

在齐步、跑步行进中，听到“半面向右(左)转——走”的口令后，按照向右(左)转走的要领转 45 度。

3. 齐步、跑步向后转

在齐步、跑步行进中，听到“向后转——走”的口令，左脚向前迈出约半步(跑步时，继续跑 2 步，再向前半步)，脚尖向右约 45 度，以两脚的前脚掌为轴，向后转 180 度，出左脚按照原步法向新方向行进。

(二)动作要点

1. 掌握好重心

向右(左)转和半面向右(左)转时，左(右)脚向前半步后，身体重心大部分落在左(右)脚；向后转走时，左脚向右脚前半步后，身体重心落在两脚之间。

2. 掌握好转体、出脚、摆臂的协调动作

向右(左)和半面向右(左)转走时，转体、出脚、摆臂要同时进行；向后转走时，转体同时臂随之摆动。

第二节　分队队列动作

一、集合、离散

(一)集合

集合，是单个军人、分队、部队按照规范队形聚集起来的一种队列动作。

集合时，指挥员应当先发出预告或者信号，如“全连(或者×排)注意”，然后，站在预定队列中央前，面向预定队形成立正姿势，下达“成××队——集合”的口令。所属人员听到预告或者信号，原地面向指挥员成立正姿势；听到口令，跑步到指定位置面向指挥员集合(在指挥员后侧的人员，应当从指挥员右侧绕过)，自行对正、看齐，成立正姿势。

1. 班集合

口令：成班横队(二列横队)——集合。

要领：基准兵迅速到班长左前方适当位置，成立正姿势；其他士兵以基准兵为准，依次向左排列，自行看齐。成班二列横队时，单数士兵在前，双数士兵在后。

口令：成班纵队(二路纵队)——集合。

要领：基准兵迅速到班长前方适当位置，成立正姿势；其他士兵以基准兵为准。依次向后排列，自行对正。成班二路纵队时，单数士兵在左，双数士兵在右。

2. 排集合

口令：成排横队——集合。

要领：基准班在指挥员前方适当位置，成班横队迅速站好；其他班成班横队，以基准班为准，依次向后排列，自行对正、看齐。

口令：成排纵队——集合。

要领：基准班在指挥员右前方适当位置，成班纵队迅速站好；其他班成班纵队，以基准班为准，依次向右排列，自行对正、看齐。

(二)离散

离散，是使队列的单个军人、分队、部队各自离开原队列位置的一种队列动作。

1. 离开

口令：各营(连、排、班)带开(带回)。

要领：队列中的各营(连、排、班)指挥员带领本队迅速离开原列队位置。

2. 解散

口令：解散。

要领：队列人员迅速离开原队列位置。

二、整齐、报数

(一)整齐

整齐，是使列队人员按照规定的间隔、距离保持行、列齐整的一种队列动作。整齐分为向右(左)看齐和向中看齐。

口令：向右(左)看——齐；向前——看。

要领：基准兵不动，其他士兵向右(左)转头(持枪时，迅速将枪稍提起，看齐后自行放下)，眼睛看右(左)邻士兵腮部，前四名能通视基准兵，自第五名起，以能通视到本人以右(左)第三人为度。后列人员，先向前对正，后向右(左)看齐。听到“向前——看”的口令，迅速将头转正，恢复成立正姿势。

口令：以×××为准。向中看——齐；向前——看。

要领：当指挥员指定“以×××为准(或者以第×名为准)”时，基准兵答“到”，同时左手握拳高举，大臂前伸与肩略平，小臂垂直举起，拳心向右。听到“向中看——齐”的口令后，其他士兵按照向左(右)看齐的要领实施。听到“向前——看”的口令后，基准兵迅速将手放下，其他士兵迅速将头转正，恢复立正姿势。

(二)报数

口令：报数。

要领：横队从右至左(纵队由前向后)依次以短促洪亮的声音转头(纵队向左转头)报数，最后一名不转头。数列横队时，后列最后一名报“满伍”或者“缺×名”。连集合时，由指挥员下达“各排报数”的口令，各排长在队列内向指挥员报告人数，如“第×排到齐”或者“第×排实到×名”。

三、出列、入列

单个军人和分队出、入列均用跑步(5 步以内用齐步，1 步用正步，或按照指挥员指定的步法执行；因故出、入列要报告)。

(一)出列

口令：×××同志(或第×名)，出列。

要领：出列军人听到呼点自己的姓名或序号后应当答“到”，听到“出列”的口令后，应答“是”，然后，进到指挥员右前侧适当位置或指定位置，面向指挥员成立正姿势。

(二)入列

口令：入列。

要领：听到“入列”的口令后，应答“是”，然后，按出列的相反程序入列。

四、行进、停止

横队和并列纵队行进以右翼为基准，纵队行进以左翼为基准(一路纵队行进以先头为基准)。

(一)行进

指挥员应当下达“×步——走”的口令。听到口令，基准兵向正前方前进，其他士兵向基准翼标齐，保持规定间隔、距离行进。纵队行进时，排、连通常成三路纵队，也可以成一、二路纵队。行进中，需要时，可以用“一二一”(调整步伐的口令)、“一二三四”(呼号)或者唱队列歌曲，以保持步伐的整齐和振奋士气。

(二)停止

指挥员应当下达“立——定”的口令。听到口令，按照立定的要求实施，分队的动作要整齐一致。停止后，听到“稍息”的口令，先自行对正、看齐，再稍息。

第三节　阅兵

阅兵时机和权限。在重大节日或者组织重要活动时，可以举行阅兵。如建军 90 周年大阅兵、抗战胜利 70 周年大阅兵以及新中国成立 70 周年大阅兵等。阅兵由党和国家领导人，中央军委主席、副主席、委员及旅(团)级以上部队军政主官或者被上述人员授权的其他领导和首长组织实施。通常由 1 人检阅。

阅兵形式。阅兵，分为阅兵式和分列式；通常进行两项，根据需要，也可以只进行一项。

阅兵指挥。阅兵，分为上级首长检阅和本级首长检阅。当上级首长检阅时，由本级军事首长任阅兵指挥；当本级军政主要首长检阅时(由 1 人检阅，另 1 名位于阅兵台或队列中央前方适当位置面向部队)，由副部队长或参谋长任阅兵指挥。

一、旅阅兵程序

旅阅兵程序主要包括：迎军旗、阅兵式、分列式、阅兵首长讲话、送军旗。

（一）迎军旗

迎军旗，在阅兵式开始前进行，具体方法按照队列条令第五十七条的规定实施。

（二）阅兵式

旅阅兵式的队形，通常为营横队的旅横队，或者由旅首长临时规定。列队时，各枪手、炮手分别持枪（95 式自动步枪手、冲锋枪手挂枪）、持炮，40 火箭筒手肩筒，120 反坦克火箭筒手持筒；必要时，可以架枪、架炮。

阅兵式程序：

1. 阅兵首长接受阅兵指挥报告

当阅兵首长行至本旅队列右翼适当距离时或者在阅兵台就位后（当上级首长检阅时，通常由旅政治委员陪同入场并陪阅），阅兵指挥在队列中央前下达“立正”的口令，随后跑到距阅兵首长 5～7 步处敬礼，待阅兵首长还礼后，礼毕并报告。

例如：“司令员同志，××第×旅列队完毕，请您检阅”。报告后，左跨 1 步，向右转，让首长先走，尔后在其右后侧（当上级首长检阅时，旅政治委员在旅长右侧）跟随陪阅。

2. 阅兵首长向军旗敬礼

阅兵首长行至距军旗适当位置时，应当立正向军旗行举手礼（陪阅人员面向军旗，行注目礼）。

3. 阅兵首长检阅部队

当阅兵首长行至旅机关、各营部、各连及保障分队队列右前方时，旅机关由副旅长或者参谋长，各营部由营长，各连由连长，保障分队由旅指定的指挥员下达“敬礼”口令。

听到口令后，位于指挥位置的军官行举手礼，其余人员行注目礼，目迎目送首长(左、右转头不超过45度)，阅兵首长应当还礼，陪阅人员行注目礼。

当首长问候“同志们好!”或“同志们辛苦了!”，队列人员应当齐声洪亮回答“首——长——好!”或“为——人民——服务!”。当首长通过后，指挥员下达“礼毕”的口令，队列人员礼毕。

4. 阅兵首长上阅兵台

阅兵首长检阅完毕后上阅兵台，阅兵指挥跑步到队列中央前，下达“稍息”的口令，队列人员稍息。

当上级首长检阅时，旅政治委员陪同首长上阅兵台，然后跑步到自己的列队位置。

(三)分列式

旅分列式队形由旅阅兵式队形调整变换，或者由旅首长临时规定。

旅分列式，应当设4个标兵。一、二标兵之间和三、四标兵之间的间隔各为15米，二、三标兵之间的间隔为40米。标兵应当携带自动步枪，并在枪上插标兵旗。

班用机枪手、狙击步枪手托枪，81式自动步枪手提枪，95式自动步枪手、03式自动步枪手、冲锋枪手挂枪，40火箭筒手托筒，120反坦克火箭筒手扛筒，重机枪手、高射机枪手扛枪，迫击炮手、无坐力炮手扛炮(通常成结合状态)。

分列式程序：

1. 标兵就位

分列式开始前，阅兵指挥在队列中央前，下达“立正”“标兵——就位”的口令；标兵听到口令，成一路纵队持(托、挂)枪跑步到规定位置，面向部队成立正姿势。

2. 调整部队(方队)为分列式队形

标兵就位后，阅兵指挥下达“分列式——开始”的口令，尔后，跑步到自己的列队位置。

听到口令后，各分队按照规定的方法携带武器(掌旗员扛旗)，旅、营指挥员分别进到旅机关和营部的队列中央前，各分队指挥员进到本分队队列中央前，下达“右转弯，齐步——走”的口令，指挥分队变换成分列式队形。

3. 开始行进

变换成规定的分列式队形后，旅机关由副旅长或者参谋长下达“齐步——走”的口令。

听到口令后，旅指挥员、旅机关人员齐步前进，其余分队依次待前一分队离开约 15 米时，分别由营长、连长及保障分队指挥员下达“齐步——走”的口令，指挥本分队人员前进。

4. 接受首长检阅

各分队行至第一标兵处，将队列调整好；进到第二标兵处，掌旗员下达“正步——走”的口令，并和护旗兵同时由齐步换正步，扛旗换端旗(掌旗员和护旗兵不转头)，此时，阅兵首长和陪阅人员应当向军旗行举手礼。

副旅长或者参谋长和各分队指挥员分别下达“向右——看”的口令，队列人员听到口令后，可以呼喊“一、二”，按照规定换正步(81 式自动步枪手换端枪)行进，并在左脚着地的同时向右转头(位于指挥位置的军官行举手礼，并向右转头，各列右翼第一名不转头)不超过 45 度注视阅兵首长，此时，阅兵台首长应当行举手礼。

进到第三标兵处，掌旗员下达“齐步——走”的口令，并与护旗兵由正步换齐步，同时换扛旗；其他分队由上述指挥员分别下达“向前——看”的口令，队列人员听到口令后，在左脚着地时礼毕(将头转正)，同时换齐步(81 式自动步枪手换提枪)行进。

当上级首长检阅时，旅长和旅政治委员通过第三标兵后，到阅兵首长右侧陪阅；各分队通过第四标兵，换跑步到指定位置。

5. 标兵撤回

待最后一个分队通过第四标兵，到达指定位置后，阅兵指挥下达“标兵，撤回”的口令，标兵按照相反顺序跑步撤至预定位置。

(四)阅兵首长讲话

分列式结束后，阅兵指挥调整好队形，请阅兵首长讲话。

讲话完毕，阅兵指挥下达“立正”口令，向阅兵首长报告阅兵结束。当上级首长检阅时，由旅政治委员陪同阅兵首长离场。

(五)送军旗

送军旗，在阅兵首长讲话后或分列式结束后进行，具体方法按照队列条令第五十八条规定实施。

二、师级以上部队阅兵程序

师级以上部队组织阅兵，应当建立相应的指挥机构，设阅兵指挥和副指挥(必要时设阅兵总指挥和副总指挥)，负责阅兵的组织指挥。

成建制阅兵时，由受阅部队最高首长担任指挥；同一军兵种不同建制部队参加阅兵时，由共同首长或上级指定的首长担任指挥。

多个军兵种部队联合参加阅兵时，由有关联合指挥机构的最高首长或上级指定的首长担任指挥。阅兵指挥陪阅时，由阅兵副指挥接替其指挥。

(一)阅兵式

受阅部队阅兵队形根据阅兵目的、场地条件和部队数量、装备等情况确定。

一般分为徒步方队和装备方队。结合重大作战、演训任务组织沙场阅兵时，阅兵队形按照作战编成(作战群)确定，也可以由阅兵指挥确定。

徒步方队的阅兵队形：成建制阅兵时，按照编制序列排列；同一军兵种不同建制部队参加阅兵时，通常按照编制序列排列，也可以按照阅兵指挥确定的序列排列；多个军兵种部队联合参加阅兵时，通常按照陆军、海军、空军、火箭军和战略支援部队序列排列，也可以按照阅兵指挥确定的序列排列。

装备方队的阅兵队形：成建制阅兵时，按照编制序列排列；同一军兵种不同建制部队参加阅兵时，通常按照编制序列排列，也可以按照阅兵指挥确定的序列排列；多个军兵种部队联合参加阅兵时，通常按照陆军、海军、空军、火箭军和战略支援部队序列排列，也可以按照装备类型统一排列。

装备方队的车辆通常成 3～4 路、4～6 列；车与车的间隔为 2～3 米，距离：坦克为 5 米，步兵战车(装甲输送车、伞兵突击车)和汽车均为 2～3

米；人员一般在本方队车辆前成数列横队列队，力求与车辆排面宽度一致，后列人员与车辆相距 3～5 米。

首长乘车阅兵时，阅兵指挥乘车到达首长车的右前方(两车头相距约 5 米)停车向首长报告，之后，在首长车的右后侧(指挥车前轮与首长车后轮在一线上，两车间隔 2 米)陪阅。首长车距受阅队列 10～20 米，以每小时 15～20 千米的速度从队列前通过，返回阅兵台时，以每小时约 40 千米的速度行驶。

当阅兵首长行至各方队(作战群)右前方时，各方队(作战群)指挥员下达“××方队(作战群)敬礼”的口令；听到口令后，位于指挥位置的军官行举手礼，其他人员行注目礼，目迎目送首长(左、右转头不超过 45 度)，阅兵首长应当还礼，陪阅人员行注目礼。

当首长问候：“同志们好!”或“同志们辛苦了!”，队列人员应当齐声洪亮回答：“首——长——好!”或“为——人民——服务!”；当首长通过后，指挥员下达“礼毕”的口令，队列人员礼毕。

中央军委主席阅兵问候：“同志们好!”或“同志们辛苦了!”，队列人员应当齐声洪亮回答：“主——席——好!”或“为——人民——服务!”

(二)分列式

分列式开始前，应当设好标兵。标兵间隔可以适当调整；需要时，可以增设若干个辅助标兵(枪上不插标兵旗)。

分列式行进时，按照徒步方队、装备方队的顺序行进。装备方队之间的距离为 20 米；装备方队长径大于二、三标兵之间的间隔时，可以分别下达“向右——看”和“向前——看”的口令。

车与车的距离：坦克为 13 米，步兵战车(装甲输送车、伞兵突击车)和汽车均为 10 米；车与车的间隔：坦克为 2～3 米，步兵战车(装甲输送车、伞兵突击车)和汽车均为 4 米。

时速：从第一标兵线起为 10 千米，通过第四标兵后为 10～15 千米。各装备方队的指挥员应当站立于指挥车上，坦克、步兵战车(装甲输送车、伞兵突击车)的乘员(除一炮手、驾驶人员外)和载员应当站在自己位置上；汽车打开驾驶室右门玻璃窗，坦克、步兵战车(装甲输送车、伞兵突击车)

开窗驾驶。

装备方队长径大于二、三标兵之间的间隔时，指挥员可以分别下达“向右——看”和“向前——看”的口令。听到“向右——看”的口令后，队列人员(除驾驶人员、一炮手外)下颌上仰约 30 度并向右转头不超过 45 度注视阅兵首长，指挥员行举手礼，其他人员行注目礼，此时，阅兵台首长应当行举手礼。听到“向前——看”的口令后，队列人员(除驾驶人员、一炮手外)礼毕，将头转正。

标兵就位和撤收的时机、方法由阅兵指挥确定。

师级以上部队组织阅兵时，持受阅部队最高单位的军旗；不同军种旅(团)级以上部队联合阅兵时，分别持各军种旅(团)级以上建制部队最高单位的军旗。均不统一组织迎送军旗。乘车受阅时，将军旗插在指挥车上(坦克、步兵战车、装甲输送车或者伞兵突击车插在指挥塔门右侧，汽车插在前车厢板中央)。

阅兵首长通常在阅兵式结束后讲话。

武器携带方式由阅兵指挥规定；其他动作，参照旅阅兵的规定实施。

其他部队和各级各类院校的阅兵，应当根据具体情况，编组受阅分队(相当于连队规模)，参照队列条令第六十二条、六十三条、六十四条的规定实施。

此外，还有海上阅兵、码头阅兵和空中阅兵。

海上阅兵，分为阅兵式和分列式。

海上阅兵式，受阅舰艇按照规定的序列和队形在海上列队，阅兵首长乘坐阅兵舰艇检阅受阅舰艇。

海上分列式，受阅舰艇按照规定的序列编队，依次通过阅兵舰艇，接受阅兵首长的检阅。

码头阅兵，受阅舰艇按照规定的序列和队形，停泊在码头的指定位置；阅兵首长徒步或者乘车或者乘舰艇检阅受阅舰艇。

受阅舰艇的队形，一般根据阅兵目的、海域(码头)条件和舰艇种类、数量等情况确定；受阅舰艇的编队，通常按照先潜艇后水面舰艇、先作战舰艇后勤务舰艇的顺序确定。

海上阅兵和码头阅兵的组织与实施，按照有关规定执行。

空中阅兵。军级以上单位可根据授权举行空中阅兵，通常与陆上阅兵结合进行。

空中阅兵，受阅航空兵按照规定的序列和队形，在空中依次通过阅兵台，接受阅兵首长检阅。

受阅航空兵的队形，一般根据阅兵目的、空域条件和飞机(直升机)种类、数量等情况确定；受阅航空兵的编队，通常按照先固定翼飞机后直升机、先作战飞机后支援保障飞机的顺序确定。

空中阅兵的组织与实施，按照有关规定执行。

三、阅兵训练

阅兵训练是搞好阅兵的基础，必须循序渐进、逐步展开、严扣细训，才能达到阅兵要求。本节按照阅兵式、分列式的程序将阅兵训练的主要内容和需要注意的方面逐一阐述。

(一)阅兵式

1. 编队方法

阅兵方队的编队，应根据列队人员的身高、体形情况，对参阅人员进行统一编队。

编队方法一般有两种：一是按人员身高成一列横队，根据方队大小分段组成方队队形。方法是：选择平整场地，编队人员按身高从右至左成一列横队，按身高调整列队人员的位置，并根据方队编队规定需要的人数进行报数分段，第一段为第一列，第二段为第二列，依次类推编成方队队形。

二是按人员身高成一列横队，根据方队大小用横补纵的方法组成方队队形。方法是：选择平整场地，按编队人员的身高，从右至左成一列横队，按身高调整列队人员的位置，并根据方队的大小确定第一列和右一路人数，第一段为第一列，第二段为右一路，第三段为第二列，第四段为右二路，依次添补进行。

编队时，可根据需要任选一种编队方法。应注意以下五点。

①选好第一列。第一列是方队的先头，是动作整齐的关键。在照顾好列队人员身高的情况下，人员要做适当调整。通常把军姿好、队列动作规范、五官端正、头脑反应灵活的人员编在第一列。

②选好基准兵(每一列第一名)。基准兵对整个方队的步幅、步速、行进方向起着极为重要的作用。所以，基准兵通常由军姿好，步法稳健，步幅、步速、行进方向把握得比较准的人员担任。

③选好钉子兵(一般每列隔5名设一名)。钉子兵是方队的中间骨干，起着稳固排面整齐的作用。所以，钉子兵通常由军姿端正、动作协调、有训练经验、头脑反应灵敏的人员担任。

④选好框子兵(方队第一列、最后一列、左一路、右一路)。框子兵是方队的外形，起着稳定方队整体的作用，所以要挑选动作自然大方、腿臂协调、动作一致的人员担任。

⑤各方队必须留有替补队员(通常每个排面2名)。

2. 训练内容

阅兵式训练，分为军姿训练、阅兵式整齐训练、阅兵式敬礼训练和答词训练。训练时，可根据训练对象、训练时间和训练场地等情况，与分列式互相穿插进行。

①军姿训练。军姿是军人按队列条令规定的立正动作要领进行站立的姿势。阅兵式就是通过军人的站立姿势，向人们展示威武雄健的形象，严格的组织性、纪律性，高昂的士气。军姿训练是阅兵训练的重点，应贯穿于阅兵训练的全过程。

②阅兵式整齐训练。阅兵式整齐训练，就是使队列人员按规定间隔、距离，保持行列整齐的一种队列训练方法。

一是方队小列(排面)整齐训练。方队小列(排面)整齐训练，就是以小列为训练班，按班的整齐训练方法进行。训练时，重点解决“五条线”：脚尖线、胸线、头线、帽檐线、枪刺(口)线。需要时，可在地面上画一条横线，队列人员按线取齐，进行整齐练习。也可用拉线的方法进行胸线等整齐练习。

二是方队整齐训练。整齐训练，就是使列队人员按规定间隔、距离保持行、列整齐的一种队列训练。方队整齐训练，是在小列(班)整齐训练的基础上进行的。

右一路的训练。使方队右一路人员能准确地固定自己的脚尖距前一名脚跟 90～110 厘米，并保证本方队的列队方向。

三条线的训练(横线、纵线、斜线)。

横线的训练按照小列训练的方法进行。

纵线的训练，两脚尖外侧在两条纵线上，头在一条直线上。

斜线的训练，掌握好间隔、距离，斜线就会自然形成。另外看齐时，列队人员要注意检查自己是否在斜线上。

组合训练，横线人与人间隔为 10 厘米，纵线列与列之间的距离为 90～110 厘米，标出"T"字图形，列队人员两脚尖向外分开 60 度，站在"T"字线上。

③阅兵式敬礼训练。阅兵式敬礼训练，动作要领按举手礼、注目礼和举枪礼的动作进行。特别强调的是队列人员的身体要保持正直姿势，向右转头的速度要快，角度要准，目迎目送首长表情要自然，眼睛有神，瞳孔居中。

④答词训练。答词是部属对首长问候的答复，要求声音洪亮、吐字清晰、抑扬顿挫、整齐一致，反映出部属对首长的尊敬和部队的高昂士气。训练时要掌握好音色、音节和拖音，声音由低向高发音。

例如："首长好"三个字，"首"字发音要平起平拖，衔接"长"字之前微向上拔；"长"字的发音高于"首"字，拖音逐渐上拔至"好"；"好"字高于"长"字，拖音上拔至收音，注意收音时不要下滑，要用腹音从内心发出"首长好"三个字。

"为人民服务"的发音同"首长好"，但由于字节较长，所以音节之间要适当减小。"人民"和"服务"之间的拖音稍短，"为"与"人民"之间的拖音要稍长。节律为："为——人民——服务——"

(二)分列式

分列式训练是阅兵训练内容中难度最大的项目，必须科学组织，周密计划，贯彻循序渐进、严抠细训的原则。

1. 齐步训练。同单个军人的队列动作。

2. 正步训练。同单个军人的队列动作。

3. 自动步枪提枪、枪放下和提枪与端枪互换训练。

一是提枪、枪放下训练注意事项。

①提枪时主要是利用手腕的带力和食指的提力将枪提到右肩前，左手要取捷径迅速握护木。

②将枪贴于身体右侧时，主要是利用右手的握力和左手向后的带力使枪迅速到位。

③枪放下时，利用右手腕的爆发力迅速向前推枪，同时左手取捷径接握护木；移握准星座时，左手将枪控制好，右手取捷径迅速接握准星附近；枪放下时主要是利用右手腕的爆发力迅速向右下方送枪，使托前踵轻轻着地。

二是提枪与端枪互换训练注意事项。

①上体要做到“收”“挺”“顶”。“收”——收小腹，收下颌；“挺”——挺胸，挺腰；“顶”——头正直向上顶。

②用力部位要正确，接握位置准确，快中有稳，稳中有快，动静分明，节奏明显。

第一把枪：主要是利用右手的爆发力向前推枪，同时左手取捷径接握护木，接护木时，肩关节放松，左手虎口与护木沿取齐，枪身垂直，枪面向后。归纳为：推(右手推)、握(左手握)、直(枪身直)。

第二把枪：在右脚踢出的同时，左手将枪控制好，使枪不动，右手迅速沿枪外侧移握枪颈，右臂自然伸直，右脚着地时，枪不动。

第三把枪：在左脚着地的同时，左手利用虎口向前下的推力和右手向后上的带力将枪倒向前，在倒枪时，左手虎口推枪的力量要比右手的带力大，左臂动作应以手带动大小臂运动，同时肘部稍用力，向前上方起。右手带枪时，右手手型成空心状，利用四个手指向后上的拉力将枪带至腰带下沿。两手协力将枪控制好。

为了便于记忆，将端枪归纳为：左脚着地枪前移，左手接握护木准。右脚起右手移，右脚着地枪要稳。左脚起，枪不动，左脚着地向下劈。

③端枪换提枪时，第一把枪主要是利用右手向前的推力和左手向后的带力将枪收至右胸前；第二把枪，左手将枪控制稳固，右手移握握把；第三把枪，利用右手的握力、左手向后的带力以及大臂带动小臂向后的收力将枪收至提枪位置。

4. 分列式敬礼训练

分列式敬礼分为徒手分列式敬礼和端枪分列式敬礼。

①徒手分列式敬礼训练

要求：动作准确、协调，上体正直。做到：三准、两协调、一不变。

三准：脚着地的步幅准；指挥员举手时手的位置准；转头角度准。

两协调：敬礼时脚着地与转头(指挥员抬手)要协调一致；礼毕时脚着地与头转正(指挥员放手)协调一致。

一不变：保持步速不变。

②端枪分列式敬礼训练

要领同徒手分列式敬礼。

5. 踏乐和耐力训练

踏乐是分列式训练内容之一。踏乐训练就是使步速、步音与乐曲合为一体，随乐曲的节拍行进的一种训练方法。

训练之前，先要熟悉乐曲。我军规定《中国人民解放军进行曲》为分列式进行曲。

分列式进行曲在演奏中有两个特点：鼓乐分明；强弱明显。鼓点是乐曲的强拍，乐曲是弱拍。踏乐时，左脚踏鼓点(强拍)，右脚踏乐点(弱拍)，注意鼓、乐点声与脚着地声一致。

训练时，要抓好三个首步：一是齐步行进踏乐的首步。主要是指挥员掌握好随乐行进的时机，就是鼓点(左脚)起，鼓点(左脚)落，这是踏乐行进的基础。

二是“向右——看——”的口令下达后，齐步换正步动作。主要是呼“1——2——”的节拍要掌握好，齐步换正步第一步踢出要合拍。

三是提枪换端枪动作。主要是齐步换正步第一步踢出的高度要准确，脚着地同时下压枪托要一致；向前导枪、转头、脚着地要一致；做到操枪不乱，步法稳健，耳听乐曲，心中有数，不慌不忙，不抢步子，行进中不赶步子。

耐力训练对分列式行进起着保证作用。训练时，根据分列式行进的距离，逐渐增大正步行进的长度。

比如：分列式行进的距离为 50 米，训练时需逐渐行进到 100 米或 200 米以上。这样才能在 50 米距离上动作得到正常发挥。

6. 分列式整齐训练

分列式整齐，是指把单兵动作组合成方队的整体动作，它要求所有受阅人员的动作一致，步调一致，步音一致，横线整齐，纵线整齐，斜线整齐。

①排面整齐训练

排面整齐训练是在练好单兵动作的基础上进行的。具体讲就是要脚尖线、臂线、胸线、头线(下颌线、帽檐线)、枪线五条线整齐。

②停止间方队排面整齐训练

停止间方队排面整齐训练，是排面整齐的基础训练，主要进行军姿定位和标齐的意识强化训练。

可采取在地上画一横线，训练时脚尖对线练习和离线练习。脚尖对线练习，主要体会头部、胸部、脚部定位。离线练习，主要是检查、巩固停止间排面标齐动作。

训练中，教练员可下达“向左(右、中)看——齐”的口令，队列人员不转头，用两眼的余光向左右看齐。教(练)员逐个检查纠正，使列队人员牢记整齐的景况。

③行进间方队排面整齐训练

行进间方队排面整齐训练，是方队分列式训练极为重要的一个环节。

首先，在抓好单个军人队列动作定型化的基础上，重点解决踢腿(迈脚)摆臂速度的一致；其次是强化人与人之间标齐的意识(用两眼余光看相邻人员与停止间排面标齐景况是否相同)；再次是纠正方队小列中单个军人动作与排面整齐不协调的问题，从个人队列动作看都很标准，但往往组织合练时，就可能出现不协调；最后是协调人与人之间的间隔，保持好间隔最根本的问题是解决脚着地方向不正的问题。此外，还应把握住步幅一致。

携 81 式半自动步枪行进间的排面整齐，一是协调人与人之间的间隔。端枪时肘部微接于右邻人员的左肋。二是协调人与人之间枪刺线的关系，向右转头 45 度，用眼睛的余光看隔一名枪的准星护圈是否在一条线上，只要在一条线上排面就会标齐。

挂枪方队的排面整齐同徒步方队。

排面整齐的训练重点归纳起来分为：步音的整齐；步幅的准确；步速(踏乐)的整齐；脚线的整齐；臂线的整齐；间隔的准确；胸线的整齐；头线(下颌线、帽檐线)的整齐；枪线的整齐。

步音的整齐：就是齐步脚跟着地所发出来的整齐声音；正步全脚掌用力着地坚定有力的整齐声音。

步幅的准确：就是按每步 75 厘米，严训细抠。

步速(踏乐)的整齐：就是按规定的步速行进，如每分钟行进 112 步，要求正步行进时踢腿速度要快，强调脚踢出并定位。踏乐时，左脚踏鼓点，右脚随乐点，踢腿的速度要与乐曲合拍。

脚线的整齐：就是齐步脚迈出着地一条线。正步脚踢出脚掌与地面平行，离地面 25 厘米，脚尖在一条线上，脚着地后在一条线上。

臂线的整齐：就是齐、正步前后摆臂在一条线上。强调齐步行进脚跟着地身体前移到脚掌的时间与摆臂定位稳的时间相一致；正步行进脚踢出至定位的时间与摆臂定位的时间相一致。

间隔的准确：就是基准兵掌握好行进方向，人与人之间保持好 10 厘米的间隔。

胸线的整齐：就是自然挺胸，第二衣扣在一条线上。

头线(下颌线、帽檐线)的整齐：就是挺颈、抬头，头在一条线上，下颌微收在一条线上；按规定戴好军帽，帽檐的前沿在一条线上。

枪线的整齐：就是提枪行进时，枪身和枪刺在一条线上；端枪行进时，枪的托后踵在一条线上，枪刺在一条线上(包括右手握枪颈的部位要准，左手握枪护木的部位要准，使枪线、手线都要在一条线上)。

④基准兵、钉子兵、框子兵训练

基准兵、钉子兵、框子兵训练，是把方队的基准兵、钉子兵、框子兵单独抽出来，让其不改变方队中的位置，进行独立性训练。使其在脱离相邻人员的情况下，行进50～100米能准确掌握行进方向、步幅、步速、间隔和距离，形成一个牢固的方队骨架。再把其他战士补进去进行方队整齐训练，让其发挥骨架作用，保证整个方队稳固行进，整齐一致。

⑤纵线训练

纵线训练是解决纵线整齐，前后距离和步法的协调。练习时，可抽出若干路，基准兵注意掌握好行进方向，其他人员向前对正，保持好距离，眼睛向正前方平视，看隔一名两肩宽是否均等(如看到一肩宽，一肩窄，证明自己没有向前对正)。使三人(三点)成一直线。在跟随行进中，用眼睛余光看出前5～8名(数路纵队时，看出左、右路前5～8名)，并同他们的动作协调一致。

⑥斜线训练

就是把斜线的各兵抽出来，在不改变斜线的基础上进行独立性(成阶梯形)训练。这种方法是一种间隔、距离的模拟训练，解决列队人员在脱离相邻战士的情况下也能走出斜线的强化训练。

要求每个人的步幅必须准确，掌握好行进方向、步速、间隔和距离，行进50～100米能保持自己在方队中的位置，提高方队斜线的稳定。必要时，也可进行“八”字形、“V”字形、“个”字形、倒“↓”字形、“冈”字形等训练，其方法同斜线训练。这种训练方法难度较大，但能提高列队人员的训练兴趣和热情，对搞好方队整齐训练有很好的促进作用。

⑦方队分解结合训练

方队分解结合训练，是把方队分成若干段进行分解结合训练。例如：把方队分成横段、纵段、斜段、三角段等。

其方法是：停止间把方队队形的间隔、距离调整好，尔后将方队分成若干段，按先后顺序行进50～100米，立定后形成能成行前进的方队队形。这种训练方法是对横线、纵线、斜线、步幅、步速、间隔、距离的全面训练。训练中，教练员要注意从中发现影响部队整齐的关键。否则，训练就会事倍功半。

⑧方队停止间与行进间方向变换的整齐训练

方队的方向变换，不同于单列的方向变换，从第二列到之后数列、各列的变换动作都不相同。首先要明确方队如何搞好方向变换。

具体到各列的动作是：第一列轴翼第一名人员踏步，并逐渐变换方向，同相邻人员动作协调；外翼第一名人员保持好步幅行进，注意掌握好方向，不要向轴翼挤靠，其他人员用两眼余光向外翼取齐，愈接近轴翼者，其步幅愈小，并保持好规定间隔，不要向左、右挤靠，保持排面整齐。

第二列内翼的第一名人员，边踏步边向外移动，随第一列轴翼第一名人员之后；外翼第一名人员随第一列外翼第一名人员对正行进，其余人员边行进边向外移动，与第一列人员对正并保持排面整齐。

第三列同第二列动作。第四列全体人员身体约向外翼 30 度方向行进，并与前列人员对正(身体约成 30 度侧面与前列人员对正)，保持好排面整齐。第五列同第四列动作身体向外约成 40 度方向行进(排面约成半面向左、右方向行进)。之后各列参照第五列动作，向前列对正，并保持好距离和小列整齐。

⑨方队合练

方队合练是把单兵动作和各列动作有机地结合起来，使全套动作能协调一致，形成方队整体动作。方队合练时要时刻注意方队的整体性。对整个方队来说，前几列起着带步子和压步子作用。

特别是第一列，其动作要求和标准要高于其他各列，他们是走好队列的带头人，中间几列起着挑担子的作用，行进中稳固方队队形，挑起整齐担子。后几列起着随合的作用，行进中，不赶步子，不左右摆动，保持方队整齐行进。

方队合练不在于多，而在于精，每次全方队练习都要把骨干列、骨干排面作为重点，同时，还要注意勿搞疲劳战术，来回拖练就会把方队搞垮，同时也会把单兵动作和各列动作丢掉，失去方队动作的特点。同时要注意普遍问题和个别问题。普遍性的问题要在小列和分段训练中解决，方队训练主要突出一个“合”字。

在合练中注意抓好“一音”“三线”训练，这是方队合练的重点。“一音”就是整个方队全脚掌着地的声音要在一个点上。每个列队人员的精神必须高度集中，踢好第一步。只有这样脚着地才能合在一个点上，听起来就不会有杂音。“三线”就是横线、纵线和斜线。方队合练必须注意“三线”整齐，其关键是保持好间隔、距离、步幅、步速，特别是右排头兵保持好方向和距离极为重要。

第二章　单兵战术

第一节　战斗和战术概念

一、战斗概念

战斗，是敌对双方的部队和分队，在较短时间、较小空间所进行的有组织的作战行动。其目的是歼灭或击溃敌人，攻占或扼守地区和目标。是达成战役或战争目的的基本手段。

战斗按照基本类型，分为进攻战斗和防御战斗；按照空间，分为地面战斗、海上战斗、空中战斗；按照参战的军兵种，分为单一军兵种战斗和诸军兵种合同战斗；按照规模，分为部队战斗、分队战斗；按照地形、气象条件，分为一般地形、气象条件下的战斗和特殊地形、气象条件下的战斗；以及昼间战斗和夜间战斗等。

战斗要素，通常包括兵力、火力、机动、突击、防护、时间、空间等。其中，兵力、火力是消灭敌人的主要手段，是战斗力量的基本存在形式，是一切战斗的客观物质基础，对战斗胜负有着决定性的作用。机动、突击是为进行战斗而集中或移动兵力、火力的基本行动，是夺取主动、形成有利态势、达成战斗目的的主要手段。防护是保存自己的基本措施，也是保障兵力、火力、机动、突击的重要条件。时间和空间则是从事战斗活动所必备的运行环境，一切战斗都是在一定的时间和空间进行的。

现代战斗，是以信息化条件下作战为背景，使用信息化武器装备进行的诸军兵种合同战斗。因而合同战斗是现代战斗的基本形态。现代合成军队的合同战斗，通常是以一个军种为主，其他军种协同，武装警察部队、民兵及预备役部队相互配合，在统一指挥和计划下按照目的、时间、地点协调一致的行动。是陆上、海上和空中组织实施战斗的主要形式。从属于合同战役或联合战役，也可独立地组织实施。

班(组)、单兵是进行战斗的最基本力量。其战斗行动从属于分队战斗，有时也可独立遂行战斗。

二、战术概念

战术，是进行战斗的原则和方法，亦称指导战斗的方法，是军事学术的组成部分，从属于战役法、战略，又对战役法、战略的发展产生一定影响。战术是对战斗这一客观事物的能动反映，它源于战斗实践，又作用于战斗实践。一般通过理论和意识以及人的主观能动作用的形式表现出一种无形智慧和艺术的角逐，并在敌对双方的激烈抗争中以有形的战斗行动展现出来。

战术按照战斗的基本类型，分为进攻战术和防御战术；按照参战的军兵种，分为合同战术、军种战术、兵种战术；按照战斗规模，分为兵团战术、部队战术、分队战术和单兵战术。

战术以战斗的理论和实践为研究对象，其主要内容包括：战斗的基本原则、战斗部署、协同动作、战斗指挥、战斗行动、各种保障等。行军、宿营、输送、变更部署和换班，也属于战术范畴。

合同战术是诸军兵种协同进行战斗的原则和方法，实质和核心是诸军兵种在战斗中协调一致的行动，发挥整体威力，合力打击敌人。合同战术的主要内容有：合同战斗的基本原则、合同战斗的组织准备与实施方法、诸军兵种运用、各种保障等。

第二节　战术基本原则

战术原则，亦称战斗原则，是战斗行动所依据的法则和标准。正确的战术原则是战斗指导规律的客观反映。它旨在告诫人们正确运用战斗规律，在认识和处理战斗问题的过程中始终把握基本方向和主要线索，把主观战斗和战斗实际辩证地统一起来，从而创造性地夺取战斗胜利。

一、知彼知己，正确指挥

知彼知己，正确指挥，就是熟悉敌情、我情和战场环境等多方面情况，通过周密细致地综合分析和判断，找出优劣，权衡利弊，并在此基础上审时度势，找出克敌制胜的方法，实施正确灵活的指挥。

“知彼”，就是全面掌握敌人的情况，对敌情了如指掌，这是掌握主动权和实施正确指挥的前提。“知己”，则是要掌握己方的各种情况，这对实施正确指挥同样十分重要。因此，指挥员必须周密组织并亲自进行实地侦察、勘察，切实查明敌情和战斗地区的地形、气象、水文、社会等情况，判明敌人的战斗能力、特点、行动规律、强点和弱点，分析战场环境对敌我双方战斗行动的影响。精通有关军兵种的各种武器装备特长、性能和使用原则，了解上级和友邻可能对本级战斗的支援和配合情况，在此基础上，定下正确决心，实施及时正确的指挥，夺取战斗胜利。

二、坚决消灭敌人，力求减少损失

坚决消灭敌人，力求减少损失，是战斗的基本目的，也是其他战斗行动原则的根据。一切战斗行动，都必须坚决消灭敌人，完成战斗任务，同时要尽量减少自己的损失。其中消灭敌人是第一位的，减少损失是第二位的，为了消灭敌人，必须勇猛顽强战斗，充分运用技术和战术，积极地去战胜敌人，绝不允许借口减少损失而消极避战；为了减少损失同时也是为了消灭敌人，必须尽可能地采取各种技术的和战术的防护措施，以求在消灭敌人的同时，尽量减少不必要的损失。为了寻求和创造有利于己方的战斗条件，以便在另一种场合和时机有力量去消灭敌人，有时则以保存自己和减少损失为主。特殊情况下，当战斗全局需要时，则应当不惜牺牲一切，以换取全局的胜利。

三、集中兵力火力，各个击破敌人

集中兵力火力，各个击破敌人，是分队克敌制胜的基本战斗方法。无论进攻或防御，分队都应当坚决集中所属的主要兵力和火力，在同一时间内重点打击一个主要目标，求得先打击或消灭当面敌人的一部分，钳制其另一部分，然后再转移兵力火力打击或消灭另一部分敌人，以达各个击破敌人之目的。为此，在力量使用上，必须将战斗力最强的分队和最有效的火力，集中使用于主要战斗目标，并给予较多加强，赋予较窄的战斗正面，以形成对冲击目标兵力和火力的优势，或有效抗击敌人主要冲击所必需的兵力、火力密度；在打击目标的选定上，必须明确区分主要目标和次要目标，或一个目标的主要部分和次要部分，以及对目标打击的先后次序和时间。切忌在同一时间或阶段平分兵力和分散火力。

四、时刻准备战斗，临战快速反应

预有准备和快速反应，是保证战斗胜利的基本条件。现代战斗准备时间短促、组织工作复杂，分队必须从精神、物质和组织上随时做好进入战斗的准备。一旦上级下达战斗号令或发生意外情况，迅速而周密地组织准备战斗，做到一声令下，立即行动，不失时机地对变化的情况做出反应。为此，必须：随时预见可能发生的情况，预先计划，须做准备和安排，经常保持戒备；根据上级预先号令，科学计算、分配时间；根据任务和当时的具体情况，抓住准备重点；干部、骨干分工负责，同时分别组织实施，保证在上级规定的时限内完成战斗准备。在计划组织战斗时，要预计可能出现的情况，做多手准备，特别要有在最困难情况下的战斗行动准备。在情况和任务需要时，即使分队的战斗准备不够充分，也要坚决按时投入战斗，不得借口准备不足而贻误战机。此时，应边行动边准备，边打边准备，以补战前准备之不足。

五、勇敢顽强战斗，力求近战歼敌

勇敢顽强的战斗精神，是保证战斗胜利的重要条件。现代战斗激烈、残酷，对人员精神、体力的压力增大。因此，必须充分发挥党、团组织和干部、骨干的作用，加强思想政治工作，激励全体指战员勇敢顽强地战斗，不怕牺牲，不怕疲劳，连续战斗，不论在任何危险、艰难、困苦的情况下，都要顽强战斗到底，坚决压倒敌人和夺取胜利。

近战不仅能够限制和减弱现代化敌军技术装备优势的发挥，而且适宜发挥我军特长。因此，必须在加强训练、提高技术和战术水平的基础上，善于根据战场的实际情况，力求近战歼敌。进攻时，要利用地形、气象、水文，特别是夜暗等有利条件和时机，并积极采取压制、干扰、欺骗措施，尽量接近敌人，突然发起攻击，近战歼敌；防御时，要善于利用地形、工事，加强防护并严密伪装，积极采取阵前设伏和攻势行动，待敌迫近或主动迫近敌人，以突然猛烈的近战火力和勇敢的反冲击消灭敌人，顽强扼守阵地，挫败敌人的连续冲击。

六、迅速隐蔽突然，出其不意击敌

为出其不意地对敌实施突然打击，在进入战斗前，一切行动必须力求迅速、隐蔽，队形必须尽量疏散，以降低敌各种侦察手段的发现率，减少敌各种兵器的杀伤率，最大限度保存战斗力；在进入战斗时，必须在需要的时间和地点，突然集中兵力和火力猛烈打击敌人，力求在敌人做出有效反应之前速战速决；达到目的后，再次迅速隐蔽疏散。为此，必须训练和养成勇猛、迅速、严守纪律的作风；熟练技术、战术，善于利用地形，善于伪装，熟练夜间动作，能够随任务、敌情和地形的变化，迅速疏开和变换战斗队形；预有战斗行动方案；临机正确、果断、熟练地指挥和采取各种保障措施。

七、主动灵活制敌，机动兵力火力

战斗中，为争取主动，摆脱被动，必须主动、灵活地实施兵力和火力机动，及时、迅速地占领有利位置，不失时机地向最重要的目标实施坚决的兵力突击和火力打击，或从敌人的打击下撤出分队，转移至有利位置。为此，必须及时发现和利用敌人的弱点和错误，积极、大胆地实施包围、迂回、穿插、分割、转移等兵力机动和变换集火目标、逐次压制、逐个消灭等火力机动，并使火力、运动与突击紧密结合；根据敌情、我情和地形，正确选择兵力、火力机动的方式、方法、时机和目标；迅速、隐蔽地组织，突然行动，并采取多种保障措施。在情况急剧变化而又与上级中断联系的情况下，必须根据战场实际情况的需要，在不违背上级总意图的情况下，勇敢负责地采取适合当时情况的措施，克敌制胜。当处于被动地位时，应当及时采取有效措施，迅速机动兵力和火力，摆脱被动，恢复主动。

八、准确紧密协同，主动相互配合

战斗中，必须严格遵守协同动作原则，认真执行上级协同动作的计划和指示，为完成同一任务，按照战斗目的（目标）、时间、地点准确行动，步兵分队与各兵种分队之间、步兵分队之间、分队内部之间相互主动支援和配合，协调一致地打击敌人。

协同动作的原则：诸兵种之间的协同，通常以步兵为主，有时以上级明确的兵种为主；步兵各分队之间的协同，以执行主要任务的分队为主。进攻时要积极支援最前出的分队，防御时要积极支援处于要害地位或处境最困难的分队。

为实现准确、紧密的协同动作，必须：熟悉上级有关协同动作指示（计划）的内容，并根据上级指示（计划）和自己的决心周密组织协同动作；树立高度的整体观念，严守协同纪律，保持不间断的通信联络，坚决按照规定的目的（目标）、时间和地点，完成战斗任务；主动配合，相互支援，并根据战斗情况不断协调行动，在协同动作遭到破坏时及时组织恢复。

灵活运用战斗原则，是战斗中主观指导符合客观实际的生动体现。“活”，是战斗原则运用的最高要求，是运用之魂，是运用战斗原则的艺术性的表现。“度”，是战斗原则运用的客观标准，是运用之规，是运用战斗原则的科学性体现。活与度二者之间的有机联系，体现战斗原则的运用不仅是一门艺术，也是一门科学。只有融艺术性和科学性于一体，才能真正找到运用之妙。

第三节　单兵战斗动作

一、持枪

自动步枪持枪基本动作是战术最基础的动作，包括单、双手持枪，肩枪，背枪，挂枪，验枪等。正确熟练的持枪动作是保持良好的军人形象和完成各种战术动作的基础。

(一)验枪

1. 时机

使用武器前后及必要时，均应验枪，认真检查弹膛、弹匣和教练弹中有无实弹。验枪时严禁枪口对人(刚从别人手中接过枪支或从其他地方拿来的枪支，使用前必须验枪)。

2. 动作要领

口令：验枪；验枪完毕。

验枪通常是在肩枪的基础上进行的，听到"验枪"的口令时，以右脚掌为轴，身体半面向左转，左脚顺势向前迈出一步(两脚约与肩同宽)，同时右手移握护木，左手接握下护木，左大臂紧靠左肋，枪托贴于右胯，准星约与肩同高，右手掌心向下，虎口向前，拇指打开保险，卸下弹匣(使弹匣口向后，弯曲部朝上)交于左手置于护木右侧，右手拉枪机向后，同时枪面稍向左转(保持枪身轴线方向不变)，两眼余光检查枪膛内有无了弹，然后装上空弹匣，击发，关保险，移握枪颈。听到"验枪完毕"的口令后，左手虎口朝后反握护木，两手协力将枪倒置于胸前，右手挑起背带，身体半面向左转，两手协力将枪送于右肩，恢复肩枪姿势。

3. 要求

①验枪时枪口必须向上 45 度角；

②验枪时前方不能有人和其他牲畜；

③验枪时前方必须开阔，不能有树木、电线及高大建筑等遮挡物；

④验枪时必须严格按照动作要领顺序进行。

(二)肩枪

1. 时机

通常用于列队或其他无作战任务的情况下。

2. 动作要领

枪口朝下，枪托在上，枪面向右，枪身垂直向下，右手拇指向前挑起背带，将枪置于右背后，大拇指与右肩略平，其余四指抓握背带，大臂紧贴身体右侧，肘部向后顶住枪身，左臂自然下垂，下体成立正姿势。

3. 要求

枪口不能超过身体右侧，右手拇指与右肩略平。

(三)单手持枪

1. 时机

主要用于列队或在敌火下运动时或其他方便的场所。

2. 动作要领

右臂微屈，右手虎口正对上护木握枪，背带自然下垂或压于左手下，用五指的握力将枪身固定，枪身轴线与地面略成 45 度，枪身距身体约 10 厘米。左臂自然下垂，运动时自然摆动。

3. 要求

注意定型定位，枪身轴线与地面成 45 度。

(四)架枪

1. 时机

用于队伍休整。

2. 动作要领

口令：架枪；好。

听到“架枪”的口令后，在肩枪基础上，右手顺背带下滑移握护木，使枪口向前，左手在右手前接握护木，右手移握枪颈，右手拇指按下枪托卡笋，使枪托与枪身成 90 度，左脚向前一小步，将枪架于右肩正前方。听到“好”的口令后，迅速起立恢复成立正姿势。

3. 要求

上步、架枪动作要协调一致。

(五)枪置地

1. 时机

用于队伍休整。

2. 动作要领

口令：枪置地；好。

听到“枪置地”的口令后，在肩枪基础上，右手沿背带下滑移握护木，同时左脚向前迈出一大步，右手将枪置于地上，枪托与右脚尖取齐，枪面向右，枪口向前，右手拉背带向后。听到“好”的口令后，迅速起立恢复成立正姿势。

3. 要求

上步、置枪要协调一致。

(六)背枪

1. 时机

通常用于长途行军、攀登、操作其他武器装备或其他无作战任务的情况下。

2. 动作要领

枪背带左肩右斜，使枪托与左肩同高，准星座置于右胯，右手扶握准星，使枪固定于后背。

3. 要求

枪口不能超过身体右侧。

(七)挂枪

1. 时机

通常用于有射击任务时或有敌情顾虑但敌情顾虑不大的情况下。

2. 动作要领

背带挂于颈后，将枪贴于身前，并与身体平行，右手握握把，食指贴于扳机护圈上，左手握护木或弹夹，枪口斜向上 45 度。

3. 要求

枪身紧贴身体，不能摆动枪口。

(八)双手持枪

1. 时机

敌情顾虑较大时。

2. 动作要领

左手托握下护木或握弹夹弯曲部，右手握握把，食指微接扳机，将枪身置于胸前，枪口向前，枪身略成水平，背带自然下垂，两眼目视前方。

(九)单手持枪换背枪

听到“背枪”的口令后，右手向后抓握握把，左手抓握背带，两手协力将背带绕过头部，枪托在左肩上，枪口向下，成单背枪姿势。

(十)背枪换单手持枪

听到“持枪”的口令后，右手向后抓握握把，将枪从右腋下向前送出，左手在左胸前抓握背带，两手协力将枪绕过头部取下，成单手持枪姿势。

二、敌火下运动

(一)含义及时机

敌火下运动就是在敌人各种火力的威胁和拦阻下(航空兵、炮兵、坦克、步战车、机枪、自动步枪等)，灵活利用地形，采取不同运动姿势和方法，迅速前进的行动。

时机：战士利用地形运动时，应按班(组)长命令，充分利用我火力掩护和烟幕迷茫效果，乘敌火力减弱、中断、转移等有利时机，采取不同姿势和方法，迅速隐蔽地运动。有时可采取欺骗、迷惑敌人的手段，创造条件突然地向敌前进或机动。

(二)要求

1. 运动前，战士应根据敌情、任务、地形的不同形态和遮蔽程度，选择好前进路线和暂停位置；

2. 运动中，应不间断地观察敌情、地形和班(组)长的指挥信号位置；

3. 灵活地变换运动位置；

4. 保持前进方向和与邻兵的协同；

5. 发现情况按班(组)长的命令或自行射击。

(三)姿势

1. 卧倒——起立

“卧倒——起立”是战术动作的基础，几乎所有战术动作都与之紧密相连，是战场上保存自己、消灭敌人的重要手段。

卧倒与起立可以各分解为三个动作。

口令下达：分解动作“卧倒——2——3”，分解动作“起立——2——3”。

动作要领：当听到分解动作“卧倒”的口令后，右手虎口捋背带下滑移握护木，将枪口向前转动，沉肩直臂使背带从肩上自然脱落，成持枪姿势，身体重心前倾，左脚向右脚正前方迈出一大步，左脚内扣，左膝稍向里合，左臂从身体左侧自然前伸，左手五指并拢，肉厚部分朝向地面，手腕与左膝同高，右腿挺直，上体下塌，两眼目视前方。

[取枪上步]

听到“2”的口令，上体前倾，重心前移，按照左手、左膝、左肘的顺序着地，右脚内侧蹬地，成侧卧姿势。侧卧时，以左大臂支撑身体，左手五指并拢，掌心向下着地，左小臂斜向前 45 度，右臂挺直，枪口略高于枪托，离地面约成 15 厘米，左腿屈成 90 度，右腿挺直，两眼目视前方。

[蹬地侧卧]

听到“3”的口令，左肘支撑上体，腰关节用劲，转体的同时，左脚后蹬，右手以四指的顶力、虎口的压力、右大臂的推力将枪向目标方向送出，左手接握弹夹弯曲部，成“三点支撑”姿势，右手向左轻挑背带，移握握把，腹部贴地，成射击预备姿势。

[转体出枪]

听到分解动作“起立”的口令后，右手迅速抓握上护木，将枪收回的同时，屈左腿于右腿下，左手顺势收回，目视前方完成收枪、收左手、收左腿的“三收”动作。

[收枪侧身]

听到“2”的口令，以左手、左膝、右脚的协力撑起身体，右脚向前迈出。此时右脚在前左脚在后，两脚都是全脚掌着地，左腿挺直，左手掌心向下着地，离右脚约一脚之长，两眼目视前方。

[撑起上步]

听到“3”的口令，身体直立的同时，左脚向前迈出大半步，右手顺势将枪倒置于右胸前，左手虎口向上在右手下接握护木，此时枪面向左，枪托略与眉同高，身体重心在左脚。然后右手拇指将背带向左肩挑起，身体稍向左转，右脚靠拢左脚的同时，两手协力将枪送于右肩，成肩枪姿势。

[上步肩枪]

24 字口诀：取枪上步，跋地侧卧，转体出枪，收枪侧身，撑起上步，上步肩枪。

2. 匍匐前进

根据遮蔽物的高低通常可分为低姿、侧身、高姿和高姿侧身匍匐四种。

采用时机：通过敌步机火力封锁的较短地段和利用较低遮蔽物时采用。

①低姿匍匐。口令下达：低姿匍匐准备——前进——停。

低姿匍匐是在遮蔽物高约 40 厘米时采用。冲锋枪携带方式主要有两种：一是虎口向上握住上背带环处，食指卡住枪管将枪置于右小臂上；一是右手掌心向上，枪面向右，虎口向前卡住机柄，余指抓住背带，枪身紧靠右臂内侧。

准备：听到准备的口令后，右手立即将枪收回，腹部紧贴地面，屈回右腿，伸出左手，目视前方。

前进：听到前进的口令后，以左手的扒力和左脚内侧的蹬力，使身体前移，移动的同时，屈回左腿，伸出右手，再以左脚内侧的蹬力和右手的扒力使身体继续前移，依次交替前进。前进时姿势要低，腹部贴紧地面，前进速度不得小于每秒 80 厘米。前进过程中要以低为主，低中求快。

出枪：发现情况或到达预定目标，及时出枪。出枪时身体稍向左侧起的同时，右脚后蹬，右大臂将枪大胆地向目标方向送出。

归纳要点：协调一致做准备，左跋右蹬姿势低，抬头压臂低中快，发现情况速出枪。

②侧身匍匐。口令下达：侧身匍匐准备——前进——停。

侧身匍匐通常是在遮蔽物高60厘米时采用。按准备、前进、出枪三个环节讲解。

准备：听到侧身匍匐准备的口令后，身体的左侧及左小臂着地，左大臂前倾支撑上体，左腿收回，右脚尽量靠近臀部着地，目视前方，右手持枪，枪口稍离开地面成准备姿势。

前进：前进时以左臂的支撑力和右脚的蹬力，使身体向前快速运动，前进中应注意保持方向，时刻观察战场情况，前进速度不小于1.2米/秒。

出枪：当前进到预定位置后，立即转体出枪，视情况射击。

侧身匍匐前进可以概括为：屈腿收枪看目标，腿臂结合要协调，观察敌情看方向，转体同时把枪出。

③高姿匍匐。是以两腿前侧和两小臂外侧着地，交替用力，推动身体前进。前进速度不小于1米/秒。

④高姿侧身匍匐。是以左手、左小腿外侧和右脚着地，以左手和左脚的支撑力，以及右脚的蹬力使身体向前快速运动。前进速度不小于2米/秒。

3. 直屈身运动

①直身前进。采用时机：遮蔽物高于人体，地形较为隐蔽或距敌较远，敌观察、射击不到时采用。在前进时要目视前方，右手持枪，以快步或大步向前运动。

②屈身前进。采用时机：遮蔽物略低于人体时采用。

动作要领。前进时右手持枪，上体微向前倾，两腿弯曲，其弯曲程度应视遮蔽物高低而定，以头部不超过遮蔽物为宜。

4. 跃进

跃进是在敌火下通过开阔地时采用的分段快跑的一种运动方法，通常要求做到跃起快、前进快、卧倒快。口令下达：目标××处——跃进。

跃进通常是在卧倒的基础上进行的，由三个基本环节构成，即跃起、前进和卧倒。

跃起：跃起时右手迅速收枪，左手撑地，右脚上步，快速前进。

前进：在前进时要右手持枪，目视前方，屈身或直身快速地向前运动。前进速度、距离和身体的弯曲度视敌情和地形而定。敌火越猛烈，地形越开阔，距离越远，跃进的距离应越短，运动的速度也应当越快，反之亦然。每次跃进的距离通常为 15～30 米，前进时要观察战场情况，及时卧倒出枪。

三、利用地形

利用地形的目的：保存自己，消灭敌人，隐蔽身体，发扬火力。

利用地形的基本要求：做到"三便于、两不要、一避开"。即便于观察射击，便于隐蔽身体，便于迅速接近和离开；不要阻碍班(组)长的指挥及邻兵的行动，不要几个人拥挤在一起；避开独立、明显、易燃、易爆、易倒塌的物体和难以通行的道路。

利用地形的方法：利用地形时通常应按接近、占领、离开三个环节进行。

基本原则：迅速隐蔽地接近，由下而上地占领，周密细致地观察，不失时机地出枪；对于不便于利用的地形应加以改造；利用过久要转移地点。

(一)利用土坎

土坎是地面上人工或天然形成的凸出于地面的物体，它通常有纵向、横向和斜向之分。无论什么样的土坎，都有"隐蔽、阻障"作用，对横向坎通常利用它的背敌斜面，对纵向坎和斜向坎通常利用其弯曲部、一侧或顶端，以其顶端为射击依托。根据土坎的高低可采用卧、跪、立等不同射击姿势。当土坎高于人体时应挖脚踏孔或阶梯，不便于利用的地形要加以改造。利用土坎的动作步骤有三个：接近、占领、离开。

接近：通常在距土坎 8～10 米时，根据土坎高低和敌人位置，采取适当姿势，迅速而隐蔽地接近。

占领：接近土坎后要由下而上地占领，占领后要周密细致地观察战场情况，发现目标后要采取适当的射击姿势不失时机地出枪射击。

离开：利用地形时，不宜在一个地方停留过久，应适时变换位置。离开的方法主要有两种：一是敌火减弱时，可直接跃起，迅速离开。要领是右手迅速收枪，隐蔽身体，若土坎较低，要以身体左侧着地，以左臂、右脚与臀部左侧交替用力，并收腹或挺腹使身体左右移动；二是如需做较长距离的移动时，还可以左右滚动或匍匐移动，到达预定位置，突然跃起，快速前进。

(二)利用土坑

土坑有自然坑、炮弹坑和人工形成的坑，属于凹入地面的地形，冲锋枪手通常以其前切面作为射击依托。接近、占领、离开的方法基本上同利用土坎，只是进入方法不同，主要有四种。

1. 跳入

当前进到土坑前突然遭敌火射击时，应迅速跳入。要领是：右手持枪，上体前倾，两腿弯曲，在跳入的同时，身体要顺势下蹲或卧倒。若坑较深，也可一手撑坑沿跳入。

2. 跨入

通常在进入浅坑时采用。要领是：进至坑沿时，左脚蹬坑的后沿下滑，右脚内侧擦地前移(以减小前进时的冲力)的同时，顺势侧卧于坑内。

3. 滚入

滚入通常是进至坑的一侧滚入。通常是当进至坑的一侧，突然遭敌火射击时采用。其要领是：按行进间滚进的要领实施。当土坑较深时，应先滚到坑沿后再以适当的方法进入，以防摔坏身体和武器。

4. 匍匐进入

通常在前进中遭敌火射击卧倒后，发现前方近距离有土坑可以利用时采用。进入时动作要迅速，姿势要尽量低。离开时迅速收枪，隐蔽身体，突然跃进，有时也可滚动离开。

(三)土包的利用

土包有单包、双包和集团包之分，在利用时，对于单包通常用其右侧，若右侧视界受限不能利用时，也可利用其顶部或左侧；对于双包，一般利用包的鞍部或左侧；对于集团包，利用其靠近敌方前沿较大的一个，不便于利用的应加以改造。

接近、占领、离开的方法基本上同利用土坎。不同点是：接近时应正对土包，使自己的身体与土包中线及敌人的位置略成一线，以达到隐蔽身体的目的；占领时从左下向右上占领；离开时注意身体；不要过早地暴露。

第三章　轻武器射击

我军2011年版的《军语》是这样解释的：轻武器亦称轻兵器。单兵或班组携行使用的小型、轻便武器的统称。包括各种刀具、手枪、冲锋枪、步枪、机枪、手榴弹、榴弹发射器、火箭发射器、便携式火炮、轻型导弹等。

第一节　武器常识

95式5.8毫米枪族包括自动步枪、班用机枪和短突击步枪，自动步枪、班用机枪于1996年设计定型，1997年首次在驻港部队中亮相，短突击步枪于2000年定型。目前95式枪族已经开始大规模装备部队，成为我军主要的轻武器装备。

一、战斗性能

战斗性能，也称战术性能，是指步兵武器在作战使用上所具有的特性和能力。主要包括射程、射击方法、战斗射速和侵彻力。

95式自动步枪与95式班用机枪组成班用枪族，活动部件和弹匣、弹鼓可以互换，并能用实弹直接从枪管发射40毫米枪榴弹，使射手具有点面杀伤和反装甲能力，是近战中消灭敌有生力量的自动武器和步兵反装甲目标的辅助武器。对单个目标在400米内射击效果最好，集中火力可射击500米内的飞机、伞兵、集团目标。

最大杀伤距离：500米。

供弹方式：弹匣供弹。每支枪配有5个弹匣，弹匣容量30发。必要时可以使用弹鼓供弹。

射击方法：短点射(2～5发)，长点射(6～10发)和单发射击。

战斗射速：点射100发/分，单发射40发/分。

枪管寿命：10 000发。

穿透力：使用5.8毫米普通弹在300米距离上能穿透10毫米厚的A3钢板。

二、主要诸元

表3-1　81式步枪与95式枪族比较

参数	型　号			
	81式步枪	95式步枪	95式机枪	95式狙击步枪
口径(毫米)	7.62	5.8	5.8	5.8
枪全重(千克)	3.49	3.3 (带弹匣3.5)	3.95	4.2
枪全长(毫米)	955	746	840	920
初速(米/秒)	710	915	945	910
瞄准基线长(毫米)	315	325	362	394
弹匣(鼓)容量(发)	30	30	75	10
有效射程(米)	400	400	600	800
枪管寿命(发)	15 000	10 000	13 000	15 000

三、各部件名称和用途

95式自动步枪由刺刀、枪管、瞄准装置、导气装置、护盖、枪机、复进簧、击发机、机匣、枪托和弹匣十一大部分组成(见图3-1、图3-3、图3-4、图3-5、图3-6)，另有一套附品(见图3-2)。

1. 刺刀：用来刺杀敌人。也可作为格斗匕首和野战工作用刀，具有刺、削、挫、锯、剪、撬等多种功能(如图3-3所示)。

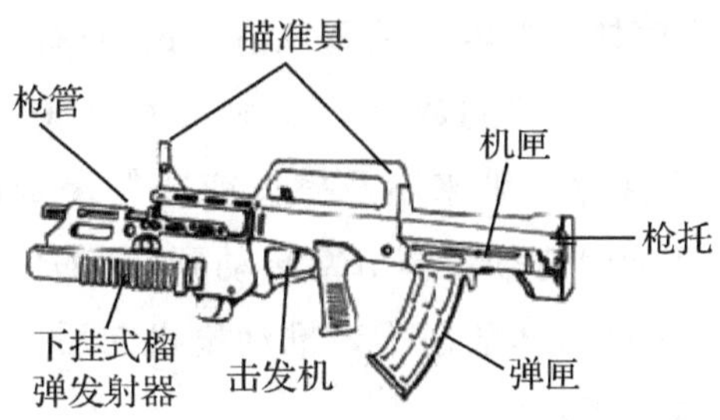

图 3-1　95 式自动步枪主要部件示意图

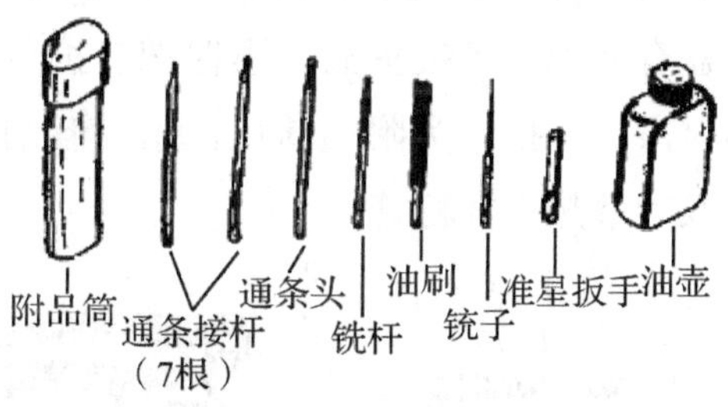

图 3-2　95 式自动步枪附品示意图

2. 枪管：赋予弹头或枪榴弹飞行方向。枪管内分为枪膛、坡膛和线膛。枪膛用以容纳子弹；坡膛使子弹顺利进入线膛；线膛保持弹头飞行稳定性(如图 3-3 所示)。

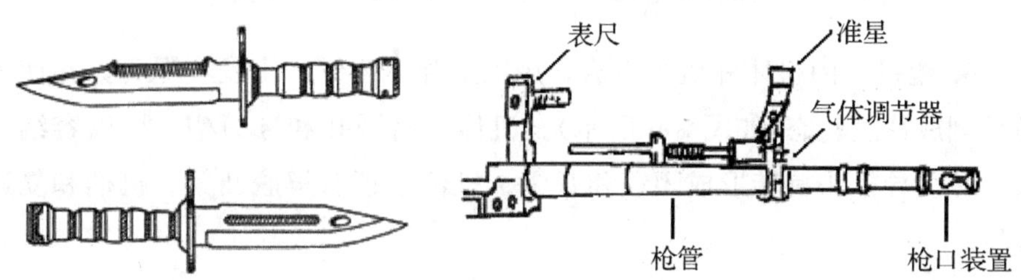

图 3-3　刺刀、枪管示意图

3. 瞄准装置：瞄准装置有机械瞄准具、白光瞄准镜和微光瞄准镜等，用以对目标进行瞄准。表尺上有觇(chān)孔，标有 1、3、5 三个字样，分别表示 100 米、300 米、500 米，表尺“0”上有荧光点，与准星两侧的荧光点成准星、照门倒置式简易夜瞄装置，其使用同表尺 3。准星由准星座、准星移动座、准星护圈和准星四部分组成。准星可拧高拧低，准星移动座可以左右移动，准星移动座和准星座上各刻有一条刻线，用以检查准星位置是否正确(如图 3-3 所示)。瞄准镜座，用以安装白光、微光瞄准镜。

4. 导气装置：由气体调节器、活塞及活塞簧组成。气体调节器用以调节火药气体大小。“0、1、2”的数字，分别表示闭气、小孔、大孔位置。通常装定在“1”上，当武器过脏来不及擦拭或在严寒条件下射击时，可装定在“2”上。发射枪榴弹时必须将调节塞转动到“0”的位置，以防损坏活动机件。活塞用以承受火药气体的压力，推动枪机向后。活塞簧用以使活塞回到原来位置(如图 3-4 所示)。

5. 护盖：由上护盖和下护盖组成(如图 3-5 所示)。上护盖有提把，用以提枪前进。下护盖有握把、扳机护圈、小握把、护盖锁孔、挂合杆，主要用以操持武器和射击。握把内为附品筒巢，用以容纳附品筒，前端小提把有通气孔，用以及时散热冷却枪管。

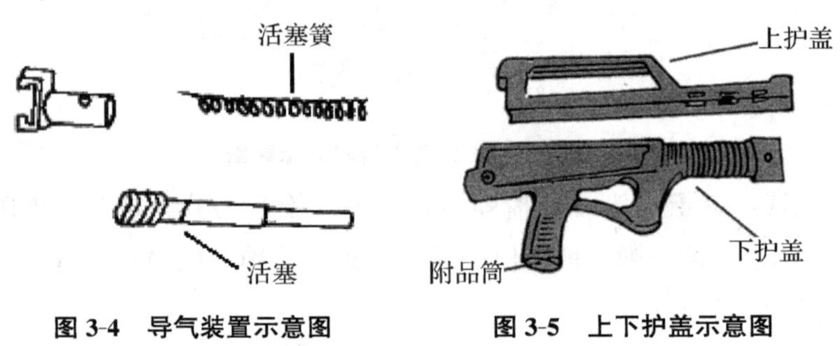

图 3-4　导气装置示意图　　图 3-5　上下护盖示意图

6. 枪机：由机体和机头组成，用以送弹、闭锁、击发和退壳，并使击锤后倒成待发状态(如图 3-6 所示)。机体上有圆孔和导笋槽，用以容纳机头，并引导机头旋转形成闭锁和开锁。机体上还有解脱凸笋、机柄和复进簧巢。

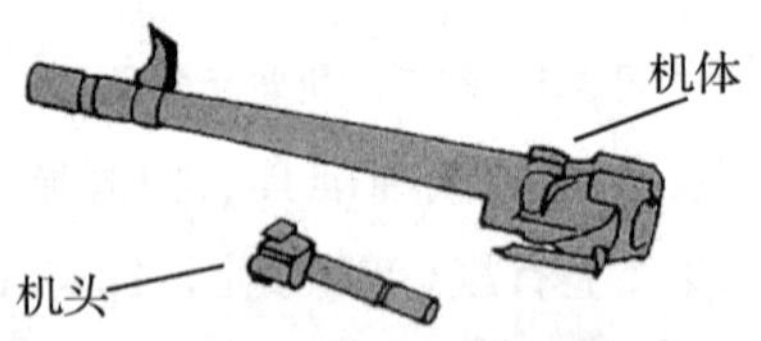

图 3-6　机体和机头示意图

机头上有：击针，用以撞击子弹底火；抓弹钩，用以从膛内转出弹壳(子弹)；机头上还有导笋、送弹凸笋、开闭锁凸笋、导槽和弹底巢。

7. 复进簧：用于储存枪机、枪机框的部分后坐能量，以便赋予枪机、枪机框向前复进及完成推弹、抓弹、闭锁、解除不到位保险等所必需的能量。

8. 击发机：由扳机、扳机拉杆、阻铁杠杆、击发阻铁、单发阻铁、不到位保险机、解脱杠杆、快慢机、击锤、击锤簧、击锤簧导杆及击发机座组成(如图 3-7 所示)。用以控制待发、操纵击发及保险。快慢机上的“0、1、2”分别为保险、单发射和连发位置。

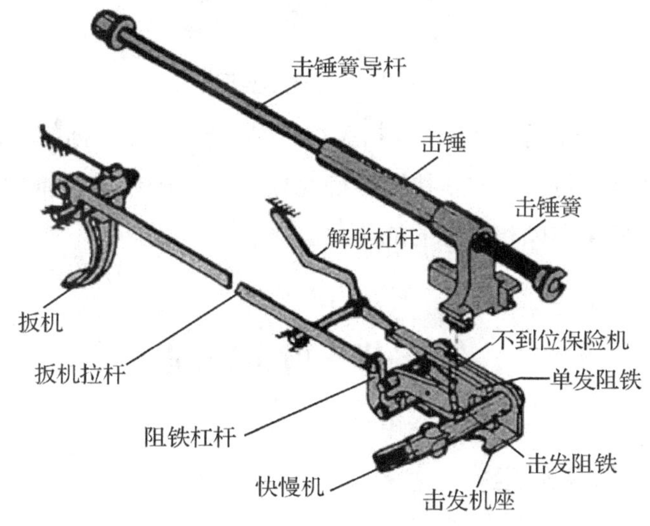

图 3-7　击发机结构示意图

9. 机匣：用以容纳枪机、固定快慢机和弹匣。机匣外有：弹匣卡笋和弹匣结合口，用以结合弹匣或弹鼓。机匣内有：闭锁卡笋，能托枪机闭锁枪膛；拨弹凸笋，用以拨出弹壳。

10. 枪托：用以保护机匣内部免沾污垢和便于操作(如图 3-8 所示)。

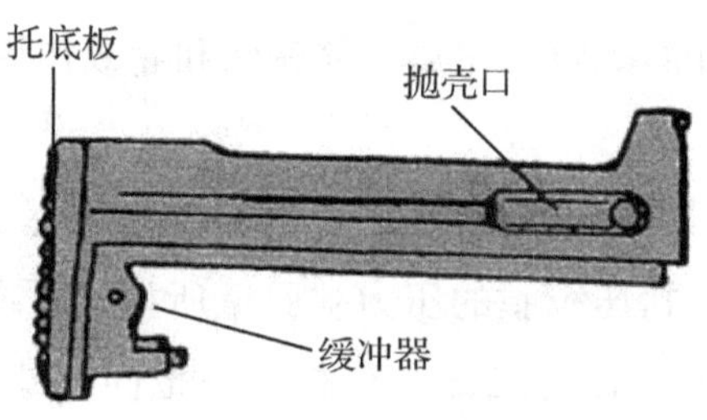

图 3-8　枪托示意图

11. 弹匣：容纳和托送子弹，可装30发(如图3-9所示)。后端有3个观察孔，分别对正第10发、20发和30发子弹的底缘，用以观察子弹的余量。

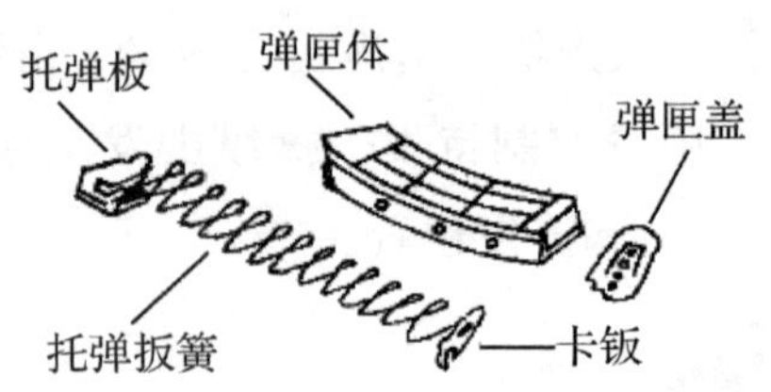

图3-9 弹匣示意图

95式自动步枪射击动作包括验枪、装(退)子弹、据枪、瞄准和击发等。正确熟练的射击动作是快速准确完成各种射击任务的基础，可以体现军人优良的战斗作风和过硬的战斗力。

第二节 射击原理

一、发射与后坐

(一)发射

发射是指火药气体压力将弹头从枪膛内推送出去的现象。其具体过程是：击针撞击子弹底火，使起爆药发火，火焰通过导火孔引燃发射药，产生大量气体，在膛内形成高压，迫使弹头脱离弹壳，沿膛线旋转加速前进，直至推出枪口。发射的时间很短暂，但是过程却很复杂，整个过程可以分为定容燃烧、变容燃烧、定量气体膨胀和后效作用四个阶段。

(二)后坐

后坐是指发射时枪械向后运动的现象。发射药燃烧时，产生的气体同时向各个方向挤压。挤压枪膛的压力被膛壁所抵消；向前的压力推动弹头前进；向后的压力抵压弹壳底部和枪机，使枪向后运动，从而形成后坐。弹头在膛内的运动时间极短(约千分之一秒)，并且枪比弹头质量大得多，所以弹头在脱离枪口以前，枪的后坐距离只有1毫米多，并且是正直向后运动，加之衣服和肌肉的缓冲，射手几乎感觉不到后坐。射手感觉到的后坐主要是弹头脱离枪口的瞬间，火药气体猛烈向枪口外喷出形成的反作用力产生的。后坐对于单发射击影响较小，但对连发影响较大，因为第一发子弹射击后产生的后坐力使枪发生移动，改变瞄准线。因此，在连发射击时，射手必须掌握一定的连发射击规律和据枪要领，只有这样才能提高命中精度。

二、弹道及其实用意义

（一）弹道

1. 弹道及其形成

弹头在飞行运动中其重心所经过的路线称为弹道。

弹道形成的原因是弹头脱离枪口后，一方面受到地心吸引力作用，逐渐下降，另一方面受到空气阻力作用，其飞行速度越来越慢，形成一条不均等的弧线，升弧较长较直，降弧较短较弯曲。

2. 弹道要素

发射线：子弹发射瞬间火身轴线的延长线。

发射角：发射线与火身口水平面所夹的角。

弹道最高点：火身口水平面上弹道最高的一点。

落点：弹道降弧与火身口水平面的交点。

弹道高：弹道上任何一点到火身口水平面的垂直距离。

最大弹道高：弹道最高点到火身口水平面的垂直距离。

升弧：由起点到弹道最高点的弹道。

降弧：由弹道最高点到落点的弹道。

落角：落点的弹道切线与火身口水平面的夹角。

（二）危险界、遮蔽界和死角

危险界，是指弹道高没有超过目标高的一段距离。目标暴露得越高，地形越平坦，弹道越低伸，危险界就越大，目标也就越容易被杀伤；目标暴露得越低，地形越复杂，弹道越弯曲，危险界就越小，目标也就不容易被杀伤。

遮蔽界，是指从弹头不能射穿的遮蔽物顶端到弹着点的一段距离。

死角，是指目标在遮蔽界内不会被杀伤的一段距离。

遮蔽界和死角的大小是由遮蔽物的高低和落角大小决定的，死角大小还决定于目标的高低。

危险界、遮蔽界和死角在实战中有很大的实用价值，是在作战中选择有利射击位置和隐蔽自身所必须考虑的因素。

三、选定表尺分划和瞄准点

(一)瞄准具的作用

弹头在飞行中受到地心的引力和空气阻力的作用，会逐渐下降高度，越飞越低。为了命中目标，必须抬高枪口，使火身轴线与瞄准线之间形成一定角度，即瞄准角。瞄准角的大小是根据射弹在不同距离上的降落量来确定的。距离越远，则降落量越大，所需要的瞄准角也就越大；距离越近，降落量越小，所需的瞄准角则越小。不同距离上枪口抬高多少，表尺上刻有相应的分划。只要按照目标的距离装定相应的表尺分划瞄准目标，就能命中目标。

(二)选定表尺分划和瞄准点的方法

在射击时，为了能够更准确地命中目标，射手应该根据目标的距离、大小和武器的弹道高，正确地选定表尺分划和瞄准点。

确定表尺分划和瞄准点可采用以下方法。

当目标距离是百米的整数倍时，是几百米，就装定表尺几，瞄准点选在目标中央。

当目标距离不是百米的整数倍时，通常选定大于实际距离的表尺分划，适当降低瞄准点。例如，目标距离 180 米，可选定表尺 2。目标在 300 米距离内，通常装定表尺 3。小目标瞄准点是目标下沿，大目标的瞄准点在目标中央。

四、直射和直射距离

弹道是弧线，而瞄准线是直线，所以它们不在一条水平线上。瞄准线上的弹道高在实际表尺距离上不超过目标高的射击，叫直射。这段表尺距离就是直射距离。同一武器射击时，目标高度不同时，直射距离也不同。目标越高，直射距离越大；目标越低，直射距离越小。用不同武器对同一类型目标射击时，弹道越低伸，直射距离越大，反之则越小。

五、外界条件对射击的影响及修正

射击通常在自然环境中进行，风、阳光、温度等自然条件都会使射弹产生偏差。射手应根据射弹击起的尘土、水花位置、曳光迹和目标状况的变化等情况，判断射弹是否命中目标或偏差量的大小，并进行正确修正。

修正方向偏差时，可用改变瞄准点的方法进行修正，射弹偏右，瞄准点向左修；射弹偏左，瞄准点向右修。修正高低偏差时，可用提高、降低瞄准点或增减表尺分划的方法进行修正，射弹偏高时，降低瞄准点或减少表尺分划；射弹偏低时，提高瞄准点或增大表尺分划。

(一)风的影响及修正

风对射击有一定影响，尤其是从左右刮过来的横(斜)风。风力越大，目标距离越远，偏差也就越大。风从左吹来，射弹偏右；风从右吹来，射弹偏左。射击时，为了使射弹准确地命中目标，必须根据射弹受风影响的偏差量，将瞄准点向风吹来的方向修正。通常情况下，一般的风(横和风)，100 米距离内不用修，200 米距离修 1/4 人体，300 米距离修半个人体，400 米距离修 4/5 个人体(95 步枪)，强风时修正量加倍，弱风或斜风时修正量减半。

从前后吹来的风(纵风)，一般对射弹没有影响，如果风力较大，也可适当提高或降低瞄准点射击。风从前方吹来，提高瞄准点；风从后方吹来，降低瞄准点。

(二)阳光的影响及修正

在阳光下瞄准时，由于阳光照射作用，瞄准具缺口部分会产生虚光，形成三层缺口，即虚光部分、真实部分、黑实部分。如不注意辨清真实缺口的位置，就容易产生误差，使射弹产生偏差。

若用虚光瞄准，射弹就偏向阳光照来的方向，如阳光从右上方照来，缺口左边和上沿产生虚光，用虚光部分瞄准，准星实际上偏右高，射弹偏右上。

若用黑实部分瞄准，射弹就偏向阳光的相反方向。如阳光从右上方照来，用黑实部分瞄准，准星实际上偏左低，射弹偏左下。如果缺口和准星尖同时产生虚光，若用虚光部分瞄准，射弹偏低，若用黑实部分瞄准，射弹偏高。

要想克服阳光的影响，可在不同方向的阳光下练习瞄准，采取遮光瞄准不遮光检查，或不遮光瞄准遮光检查的方法，反复练习，确实辨清真实缺口的位置和正确瞄准的景况；在平正准星与缺口的关系时要细致，但瞄准时间不宜过长，以免眼花而产生误差；平时要注意保护好瞄准具，不使其磨亮而反光。

(三)气温的影响及修正

气温变化时，空气的密度也随之改变，同时会影响弹头的飞行速度。气温高，空气密度小(稀薄)，射弹在飞行中受到的空气阻力就小，射弹就打得远(高)；气温低，空气密度大(稠密)，射弹在飞行中受到的空气阻力就大，射弹就打得近(低)。

使用武器时，射手应在当时当地的气温条件下校正武器的射效，并以校正时的气温条件为准。射击时，若气温差别不大，在400米内对射弹命中的影响较小，不必修正。若气温差别很大或远距离目标射击时，应适当提高或降低瞄准点。

第三节　射击动作

一、验枪

(一)验枪时机

验枪是一项保证安全的重要措施。使用武器前后及必要时，均应验枪，认真检查弹膛、弹匣和教练弹中有无实弹。验枪时严禁枪口对人(刚从别人手中接过枪支或从其他地方拿来的枪支，使用前必须验枪)。

(二)动作要领

口令：验枪；验枪完毕。

听到“验枪”的口令后，以右脚掌为轴，身体半面向右转，左脚顺势向前迈出一步(两脚约与肩同宽)，同时右手放开枪背带，移握大握把，将枪向前送出，左手接握下护盖，枪口约与肩同高，枪托夹于右肋与右大臂之间。左手大拇指按压快慢机柄打开保险，移握弹匣，大拇指按压弹匣卡笋卸下弹匣，弹匣口向上交给右手握于大握把左侧，左手食指或中指向前扣住机柄。

当指挥员检查或听到“验”的口令时，拉机柄向后，验过后，自行送回枪机，装上弹匣，扣扳机，关保险，左手移握下护盖。

听到“验枪完毕”的口令后，左手反握上护盖，右手挑起背带，身体半面向左转，在右脚靠拢左脚的同时，两手协力将枪送上右肩，恢复肩枪姿势。

(三)分解动作要领

在连贯动作的基础上，验枪动作可以分为以下几步。

第一步，听到“验枪”的口令后，以右脚掌为轴，身体半面向右转，左脚顺势向前迈出一步(两脚约与肩同宽)，同时右手放开枪背带，移握大握把，将枪向前送出，左手接握下护盖，枪口约与肩同高，枪托夹于右肋与右大臂之间。

左手大拇指按压快慢机柄打开保险，移握弹匣，大拇指按压弹匣卡笋卸下弹匣，弹匣口向上交给右手握于大握把左侧。

第二步，听到“验”的口令后，拉机柄向后，验过后，自行送回枪机，装上弹匣，扣扳机，关保险，左手移握下护盖。

第三步，听到“验枪完毕”的口令后，左手反握上护盖，右手挑起背带，身体半面向左转，在右脚靠拢左脚同时，两手协力将枪送上右肩，恢复肩枪姿势。

(四)要求

1. 验枪时枪口必须向上 45 度；

2. 验枪时前方不能有人和其他牲畜；

3. 验枪时前方必须开阔，不能有树木、电线、电话线及高大建筑等遮挡物；

4. 验枪时必须严格按照要领顺序进行。

二、射击准备

(一)向弹匣内装子弹

左手握弹匣，使弹匣口朝上，挂耳向左前，右手将子弹放于弹匣口，两手协力将子弹压入弹匣内。

(二)装/退子弹及定标尺(以卧姿为例)

1. 动作要领

口令：卧姿——装子弹；退子弹——起立。

听到“卧姿——装子弹”的口令后，右手移握提把，枪口向前(背带从肩上脱下)，左脚向右脚尖前迈出一大步(也可右脚顺脚尖方向迈出一大步)，左臂伸出，掌心向下，手指稍向右，按照膝、手、肘的顺序顺势卧倒，右脚内侧跛住地面。以身体左侧、左肘支持全身。右手将枪向目标方向送出，枪面稍向左，枪托着地，左手掌心向上托握下护盖，右手卸下空弹匣(弹匣口朝后)交给左手握于护盖右侧，解开弹匣袋扣，换上实弹匣，将空弹匣装入弹匣袋内扣好。右手掌心向上，虎口向前，食指或中指打开保险，拉机柄向后送子弹上膛，关上保险。右手拇指和食指转动表尺转轮，使所需表尺分划位于上方，然后，右手移握大握把，全身伏地，两脚分开约与肩同宽，身体右侧与枪身略成一线，目视前方，准备射击。

听到“退子弹——起立”的口令后，稍向左侧身，右手卸下实弹匣交给左手，打开保险，拉机柄向后，从膛内退出子弹，送回枪机，将子弹压入弹匣内，解开弹匣袋扣，换上空弹匣，把实弹匣装入弹匣袋内并扣好，扣扳机，关保险；使枪面向左，稍向左侧身，表尺转至“3”，右手移握提把，将枪收回，同时左小臂向里合，屈左腿于右腿下。以左手和两脚撑起身体，右脚向前一大步，左脚再向前一步，左手反握上护盖，将枪倒置于胸前，右手挑起背带，在右脚靠拢左脚的同时，两手协力将枪送上右肩，恢复肩枪姿势。

2. 分解动作要领

在卧姿装子弹连贯动作的基础上，可以分为以下几步。

第一步，听到“卧姿——装子弹”的口令后，右手移握提把，枪口向前（背带从肩上脱下），左脚向右脚尖前迈出一大步（也可右脚顺脚尖方向迈出一大步），左臂伸出，掌心向下，手指稍向右。

第二步，按照膝、手、肘的顺序顺势卧倒，右脚内侧蹬住地面。以身体左侧、左肘支持全身。右手将枪向目标方向送出，枪面稍向左，枪托着地，左手掌心向上托握下护盖，稍向左侧身。

第三步，右手卸下空弹匣（弹匣口朝后）交给左手握于护盖右侧，解开弹匣袋扣，换上实弹匣，将空弹匣装入弹匣袋内扣好。右手掌心向上，虎口向前，食指或中指打开保险，拉机柄向后送子弹上膛，关上保险。右手拇指和食指转动表尺转轮，使所需表尺分划位于上方，然后，右手移握大握把。

第四步，全身伏地，两脚分开约与肩同宽，身体右侧与枪身略成一线，目视前方，准备射击。

在卧姿退子弹连贯动作的基础上，可以分为以下几步。

第一步，听到“退子弹——起立”的口令后，稍向左侧身。

第二步，右手卸下实弹匣交给左手，打开保险，拉机柄向后，从膛内退出子弹，送回枪机，将子弹压入弹匣内，解开弹匣袋扣，换上空弹匣，把实弹匣装入弹匣袋内并扣好，扣扳机，关保险；使枪面向左，稍向左侧身，表尺转至“3”。右手握提把。顺势将枪收回，同时左小臂向里合，屈左腿于右腿下。

第三步，以左手和两脚撑起身体，右脚向前一大步。

第四步，左脚再向前一步，左手反握上护盖，将枪倒置于胸前，右手挑起背带，在右脚靠拢左脚的同时，两手协力将枪送上右肩，恢复肩枪姿势。

三、卧、跪、立三种姿势射击动作

(一)卧姿无依托据枪、瞄准、击发

据枪：在卧姿装子弹的基础上，全身伏地，两腿和两脚内侧贴实地面；右手虎口向前正对握把，虎口上沿紧靠机匣下部，拇指自然伸直紧贴握把左侧，余指握握把，食指与握把稍有空隙；右大臂与地面略成垂直，肘部着地外撑，肘皮控制在内侧；左手可托握下护盖，也抓握小握把。据枪自然用力，保持不变，上体下塌，使两肘稳固着地，腹部紧贴地面，正直自然贴腮。

瞄准：正确瞄准是准确命中目标的必要条件之一。因此，射手必须认真细致，精益求精，解决好瞄准的一致性。

1. 用机械瞄准具瞄准

第一，正确瞄准的姿势是在枪面平的基础上，头稍向前倾，自然稳固贴腮。

第二，瞄准时，应集中主要注意力于觇孔内圆中心点、准星尖、瞄准点形成三点一线。

第三，瞄准时，还应特别注意觇孔内圆瞄准景况的大小，过大或过小都会给瞄准的精确度带来较大影响，可通过贴腮的远近进行调整。

2. 瞄准误差对射击精度的影响

瞄准的误差直接影响着射击精度。瞄准误差越小，对射击精度的影响就越小；瞄准误差越大，对射击精度的影响就越大。归纳起来讲，射手在瞄准上容易产生误差的原因主要有三种。

(1)枪面倾斜

枪面倾斜对射击精度影响较大。枪面向左倾斜，射弹偏左下；枪面向右倾斜，射弹偏右下。

(2)准星尖顶点与觇孔中心点位置关系不正确

瞄准时，若准星与觇孔的位置关系不正确，对命中影响很大，准星偏左(右)，弹着点偏左(右)；准星偏高(低)，弹着点偏高(低)。如准星尖在觇孔内偏差 1 毫米，在 100 米距离上，95 式自动步枪偏差 31 厘米。距离

增加几倍，偏差量就增加几倍。

射弹偏差量的大小与射击距离和瞄准基线的长短有直接关系。计算公式：

$$射弹偏差量=\frac{准星在觇孔内偏差量\times射击距离}{瞄准基线长}$$

例：95 式自动步枪对 100 米距离上目标射击，准星在觇孔内偏差 1 毫米，求射弹偏差量？

$$解：射弹偏差量=\frac{1\times100\ 000}{325\ 毫米}$$

(3)瞄准线指向偏差

瞄准时，若准星与觇孔的位置关系正确，而瞄准线指向产生偏差时，射弹也会产生偏差，射弹的偏差与瞄准线指向的偏差相一致。如瞄准线指向偏左 15 厘米，射弹也就偏左 15 厘米。

击发：由于 95 式自动步枪击发行程较长，容易使射手出现憋气和猛扣扳机的现象，因此，正确掌握击发动作，对提高命中精度具有显著作用。

进行瞄准的同时，右手食指第一节指肚扣压扳机中间稍靠下，并均匀正直向后扣压扳机；当构成正确瞄准后，继续对扳机施加压力，直至击发。击发瞬间应保持正确一致的瞄准。为了便于掌握，将动作要领归纳为：有意击发无意响。若瞄准线偏离瞄准点较远或不能继续停止呼吸时，应停止扣压扳机，待修正或换气后，再继续扣压扳机。

操纵点射时，应稳扣快松，扣到底松开为 2～3 发，在击发过程中，始终保持据枪动作的一致性，以提高连发射击命中精度。

(二)跪姿无依托据枪、瞄准、击发

据枪：在跪姿装子弹动作的基础上，左手握小握把，左肘放在左膝盖上，使枪、左小臂和左小腿略在同一垂直面上。右手虎口向前正握握把，右大臂自然抬平，上体微向前倾，两手正直向后用力，将枪托抵实于肩窝，正直自然贴腮。

瞄准：由于跪姿据枪稳定性较差，不易实施精确瞄准，应采取瞄区不瞄点的方法进行瞄准，如需调整射向时，可移动左脚或右膝进行调整，切忌强扭枪身而影响武器后坐规律。

击发：同卧姿。

(三)立姿无依托据枪、瞄准、击发

据枪：在立姿装子弹的基础上，左手托握小握把，左大臂紧贴左肋，小臂内合于枪身下方；右手正握握把，右大臂自然抬平，两手正直向后用力，将枪托抵实于肩窝，正直自然贴腮。两腿自然伸直，身体自然放松，使枪与身体形成一个整体。

瞄准、击发：要领同卧姿。

第四章　军用地图的识别、应用及定向越野

第一节　军用地图的识别、应用

一、现地判定方位

现地判定方位，就是在现地辨明东、南、西、北方向。部队在行军中，必须随时随地能辨明方向，明确周围地形和敌我关系位置，才能实施正确的指挥和行动。判定方位的方法，主要有如下四种。

(一)利用指北针判定

指北针携带方便，操作简单，能迅速准确地判定方位，是现地判定方位的基本工具。现以62式指北针为例介绍如下。

判定方位时，将指北针平放，待指北针静止之后，磁针涂有夜光剂的一端(或黑色尖端)所指的方向，就是现地的磁北方向。

使用指北针以前，应检查磁针是否灵敏。其方法是，用一钢铁物体扰动磁针的平静，若磁针迅速摆动后仍停在原处，则说明磁针灵敏，可以使用(误差在0～40度以内)；若每次磁针静止后所指分划不一致，且相差较大，该指北针不能用，应进行检修和充磁。

(二)利用北极星判定

北极星是正北天空一颗较亮的星。夜间找到北极星就找到正北方向。

北极星是小熊星座的α星，距北天极大约1度，肉眼看来，北极星就在正北方。大熊星座(主要是北斗七星)和仙后星座位于北极星的两侧，遥遥相对。我国位于北半球，终年夜间都可以看到北极星，根据北斗星或仙

后星座就能很容易找到北极星。

大熊星座，主要亮星有 7 颗，在北天空排列成斗形，又像一把有柄的勺子，是北半球夜间判定方位的主要依据。大熊星座 α、β 两星叫指极星，将两星的连线沿 β 星至 α 星的方向延长，约在两星间隔的 5 倍处，有一颗较明亮的星，就是北极星。

小熊星座，最靠近北天极，也有七颗主要的星排列成斗(或勺)形，与北斗很相似，但除北极星外都很暗淡，俗称小北斗，斗柄末端较明亮的 α 星就是北极星。仙后星座，主要亮星有 5 颗，形状像 W，从中央的 γ(策)星算起，在缺口方向，约为 ε 星至 β 星宽度的 2 倍处，就可以找到北极星。大熊星座 ζ(北斗六)星与仙后星座 δ 星的连线，也通过北天极。

(三)利用太阳判定

1. 利用太阳出没时刻的位置判定方位

通常，春秋天太阳出于东方，落于西方；夏天出于东北，落于西北；冬天出于东南，落于西南。根据太阳出没的位置，就能概略判定方向。

2. 利用太阳结合时表判定方位

利用太阳结合时表判定方位是白天任意时刻判定方位的一种方法。在北半球，当地时间 6 时左右，太阳升起于东方，12 时位于正南方上空，18 时左右沉没于西方。根据这一规律，便得出利用太阳结合时表判定方位的方法。判定时先将手表放平，以时针所指时数(每日以 24 小时计算)折半的位置对向太阳，“12”所指的方向就是北方。用一句话来概括就是：“当地时间折半对太阳，‘12’字头指北方。”如在上午 8 时，应以“4”时对向太阳；下午 2 时(即 14 时)40 分，应以“7 时 20 分”对向太阳。为了便于判定，可在时数折半的位置上竖一细针或草秆，使针或秆的投影通过表盘中心。

需要强调的是：判定的时间应以当地的地方时间为准，判定前应先将北京时间换算成当地时间。换算方法如下：

$$地方时=北京时间+\frac{当地经度-120^\circ}{15^\circ}$$

(四)利用自然特征判定

有些地物地貌由于受阳光、气候等自然条件的影响，形成某种特征，可以利用这些特征来概略地判定方位。

1. 独立大树，通常是南面枝叶茂密，树皮较光滑；北面枝叶较稀少，树皮粗糙，有时还长青苔。树桩上的年轮，北面间隔小，南面间隔大。

2. 突出地面的物体，如土堆、土堤、田埂、独立建筑物等，南面干燥，青草茂密，冬季积雪融化较快；北面潮湿，易生青苔，积雪融化较慢。土坑沟渠和林中空地则相反。

3. 我国大部分地区，尤其是北方，庙宇宝塔的正门多朝南方。各地都有不同特征，只要留心观察，注意调查、收集和研究，就会找到判定方向的自然特征。如内蒙古高原，冬季大多是西北风，山的西北坡积雪较少，东南坡积雪较多；树干多数略向东南倾斜；蒙古包的门一般朝东南。又如辽西丘陵地区，松柏树多生长在北坡。

判定方位后，必要时可在北方的远处，选一明显目标作为方位物，以便记忆和指示。

二、标定地图

地图的方位为：上北、下南、左西、右东。标定地图，就是使地图方位与现地方位一致，这是地图与现地对照的前提。

（一）概略标定

在现地判明方位后，将地图的上方对向现地北方，地图即已概略标定。这种方法简便迅速，是现地使用地图最常用的方法。

（二）用指北针磁子午线标定

在地形图的南北内图廓线上，各绘有一个小圆圈“⊗”，并分别注有磁南（或 P）磁北（或 P^1），该两点的连线就是该图幅的磁子午线。

标定时，先使指北针准星的一端朝向地图上方，并使指北针的直尺边切于磁子午线；然后转动地图，使磁针北端对正指标（或角度盘“0”分划线），地图即已标定。

（三）利用直长地物标定

利用直长地物（指道路、河渠、土堤、电线等地物）标定地图，应先在图上找到这段地物符号，对照两侧地形，使地图和现地的关系位置概略相符；再转动地图，使图上的直长地物符号与现地直长地物方向一致，地图即标定。

(四)依明显地形点标定

在明显地形点上使用地图时，可依明显地形点标定地图。标定时，先确定站立点在图上的位置；再选一图上和现地都有的远方明显地形点(如山顶、独立地物等)作为目标点；然后将指北针直尺(或三棱尺)边切于图上站立点和该目标点上，并转动地图，通过照门、准星照准现地目标点，地图即标定。

(五)依北极星标定

夜间，可利用北极星标定地图。标定时，先面向北极星，并使地图上方朝北，然后转动地图，使东(或西)内图廓线(即真子午线)对准北极星，地图即已标定。

三、确定站立点在地图上的位置

标定地图后，就应随即确定站立点在图上的位置，这是现地用图的关键。确定站立点的主要方法有两种。

(一)目估法

利用明显地形点目估确定站立点在图上的位置，是确定站立点最常用的方法。

当站立点在明显地形点上时，从图上找出该地形点的符号，即是站立点在图上的位置。如果站立点在明显地形点附近时，可先标定地图，再在图上找到该明显地形点，对照周围地形细部，根据该站立点与明显地形点的关系，即可判定站立点在图上的位置。

(二)后方交会法

当站立点附近没有明显地形点时，可用后方交会法确定站立点的图上位置。其作业步骤如下。

1. 标定地图。

2. 选择离站立点较远的图上和现地都有的两个以上明显地形点。

3. 现地交会。交会时，先将指北针直尺(或三棱尺)边分别切于图上两个地形点符号的定位点上(可插细针)；再依次照准现地相应的地形点；然后沿直尺边向后画方向线；图上两方向线的交点，就是站立点在图上的位置。

(三)确定站立点时应注意的问题

1. 不论采用何种方法确定站立点，均应首先仔细分析站立点周围的地形，选择明显地形点做已知点时，图上位置一定要找准，防止判错点位、用错目标。

2. 标定地图后，在定点过程中，地图方位不能变动，并应注意检查。

3. 采用交会法时，为提高交会点的准确性，两方向线的交角，一般不得小于5度，不得大于25度；条件允许时，最好用第三条方向线(或其他方法)进行检查。

四、现地对照地形

现地对照地形，通常是在标定地图和确定站立点的基础上进行的，确定站立点时又必须首先概略对照地形，而全面对照地形又必须在确定站立点之后，实际上两者是交互进行的。

对照地形，就是使地图上各种地物、地貌和现地一一对应找到，应注意三个问题：现地和图上都有的地形目标要对应找到；现地有而图上没有的目标要能确定其图上的位置；图上有而现地没有的，要确定出原来的位置。

对照地形的顺序是：先主要方向，后次要方向；先对照大而明显的地形，后对照一般地形；由近及远，由右至左(或由左至右)；并先由图上到现地，再从现地到图上；以大带小，由点到面，逐段分片地进行对照。

对照方法，主要根据站立点与目标的方向、距离、特征、高程及目标与其附近地形的关系位置，分析比较，地图与现地反复验证。对照时，通常采用目估法，必要时可借助于观测器材。当地形重叠不便观察时，应变换对照位置或登高观察对照。

如因地形复杂，图上某些地物、地貌不易判明其现地位置时，可先标定地图；再用指北针直尺(或三棱尺)边切定站立点和目标点，并向现地瞄准，则目标即在此方向线上；然后参照站立点与目标点的距离、特征、高程及与其附近地形的关系位置，即可判定该目标的现地位置；反之，如果不易确定现地目标的图上位置时，则应先将指北针直尺(三棱尺)边切定图上站立点的位置，再向现地目标瞄准，然后目测距离，换算为图上长，或根据现地目标的关系位置，沿直尺边在图上进行分析，即可确定目标的图上位置。

对照山地地形，首先应在图上判清它的分布状况、主要高地的位置、山脉的基本走向等，然后进行具体对照。对照时，再根据地貌形态、山脊走向，先对照大而明显的山顶、山脊、谷地；然后顺着山脊、谷地的走向具体对照各个山顶、鞍部、山背、山谷等细部地形。山岭横向重叠时，应根据高差及起伏状况分析，哪些地形可能看见，哪些可能看不见。可见的山顶、鞍部可根据远近山岭的特征、颜色、植被以及与其他地物的关系，分析对照确定它们的位置。

对照丘陵地形，其对照方法基本与山地相同，但因山顶浑圆，形状相似，难度一般较山地为大，因此对照时更应仔细。一般以山脊为骨干抓住山背、山谷与地物的特征点(如道路、河流的交叉处、拐弯处和突出的独立地物等)及其关系位置进行对照，对等高线的小弯曲要认真分析对照。如因山脊前后重叠不易分辨时，可根据耕地形状的变化，植被颜色不同，谷地、居民地的形状、大小，以及露出的树冠等特征进行分析判定。

对照平原地形时，可先对照主要的道路、河流、居民地、突出的独立地物和高地；再根据地物的分布规律和相互关系位置，以道路或河流分片逐点进行对照其他细部地形。

现地对照要注意：

1. 地形图是根据比例尺，经过综合取舍而绘制的，比例尺愈小表示愈概略。因此，一些小的地形细部(如小山顶、山背、山谷等)，在图上可能找不出来。

2. 随着社会快速发展，某些地形变化较大，而地图测制有一个过程，不可能随时把变化的地形在图上及时地反映出来。因此地形图与现地地形总是有不一致的地方；这时应根据地形变化规律，仔细分析对照。地形变化的一般规律是：地物变化大，地貌变化小；城市、集镇扩大，分散住户减少；公路、桥梁、水库以及水电设施增多，庙宇、牌坊、土堆、坟地之类的地物减少等，所以现地对照地形，必须根据地图比例尺和地形的变化规律，仔细分析，才能得出正确结论。

五、按图行进

(一)行进前的准备

行进前的准备，这里讲的主要是图上准备。其内容如下。

1. 选择行进路线

行进路线，是根据受领的任务、敌情、地形和部队装备等情况在图上选出行进的最佳路线。选择时，应着重考虑和研究路线上与行动有关的地形因素，如地貌起伏、沿线居民地、森林地、山垭口以及桥梁渡口和徒涉场的状况，如有敌情顾虑时，更应注意研究沿道路两侧地形的起伏与荫蔽情况，遇空袭时的疏散区域，遭遇敌人时可能利用的有利地形等。组织大部队行进，还应根据部队大小选择平行路，以便分路行进。

越野行进时，尤应使每一转弯点都有明显方位物。夜间行进时，则应注意选定夜间便于识别的方位物。

为便于行进中掌握方向，在路线选定后，还应在沿线选定明显突出不易变化的目标作为方位物，如行进路线上的转弯点、岔路口、桥梁、居民地、出入口、城市中的广场和突出建筑物，以及沿线两侧的高地等。

2. 在图上标绘行进路线

标绘行进路线和方位物，就是将选定的行进路线(起点、转折点和终点)和方位物，用彩色醒目地标绘于图上，并按行进方向顺序进行编号，以便行进中对照检查，必要时也可专门调制行军路线图。

3. 量取里程和计算时间

就是在图上量取行进路线上各段里程和计算行进时间，并注记在图上或工作手册上，如行进路线上地貌起伏较大时，还应当将图上量得的水平距离按不同的坡度改正为实地距离。为了便于掌握行进速度和时间，需要时可将改正后的各段距离，根据预定行进速度换算为行进时间。

4. 熟记行进路线

熟记行进路线的方法，一般按行进顺序把每段里程、行进时间、经过的居民地、两侧方位物和地貌特征，特别是道路的转弯处、岔路口和居民地进出口附近的方位物及特征等都熟记在脑子里，力求做到：胸中有图，未到先知。

总之，图上准备就是：一选、二标、三量算、四熟记。在行进之前一定要认真准备，切实做好，行动起来就会轻松自如。

(二)徒步按道路行进

徒步按道路行进是军队机动的主要方式。其要领如下。

1. 在出发点上，先标定地图，对照地形，判定出发点的位置，明确行进的道路和方向，然后记时出发。

2. 在行进中，应根据记忆，边走边回忆，边走边对照，随时明确站立点的图上位置，随时清楚已走过的里程；随时明了前方将要通过的方位物和将要到达的位置，力求做到“人在路上走，心在图中移”。

3. 在经过岔路口、道路转弯点、居民地进出口时，应及时对照现地地形，明确站立点的图上位置，以保持正确的行进方向。

4. 在遇到现地地形变化与地图不一致时，应采用多种方法，仔细对照地貌，全面分析地形的变化和关系位置，然后准确地判定站立点的位置和行进方向。做到有疑不走，有矛盾不走，方向不明不走。搞准方向，消除疑虑和矛盾后继续走。

5. 当发现走错路时，应立即对照地形，回忆走过的路程，判明从什么地方错的，偏离原定路线有多远，根据情况决定另选迂回路线或返回原路，回到正确路线后，再继续前进。

(三)乘车行进

乘车行进的特点是：行进速度快、方向转换多、观察地形粗略，如果稍一疏忽，就容易走错路，一旦走错路，错得就比较远。乘车按图行进的要领与徒步沿道路行进基本相同，但根据速度快的特点，又有不同之处。

1. 选择路线时，应着眼于道路通行情况，路面质量的变化，桥梁的载重量，渡口的摆渡能力等；方位物应多选择道路两侧大而明显的突出目标，并选择迂回路。

地图应按行进的顺序依次叠放，以沿途对照取用。

2. 在行进中的要领

第一，随时标定地图。由于实地道路弯曲，使行车方向变换多，因此，要使图上的行进路线与现地的道路方向保持一致，就必须经常转动地图，做到“图路成一线，车转图也转，方向正相反”。即图上的行进路线与现地行进的道路始终一致，为此，行进的车辆向右转时，手中地图必须向左转。

第二，逐个对照方位物。由于车速快，车辆颠簸，方位物一闪而过，地图与现地对照容易忽略。因此，在开进中，对沿路的居民地、桥梁转弯点、岔路口和沿路两侧突出目标等，要高度集中精力，不间断地逐个地提前对照，做到“人在车中坐，心在车前行”。

第三，掌握行车里程和速度。出发时要记下时间和汽车里程表上的里程数，行进中随时根据里程表上的数字和行进时间，对照事先在图上量算好的各段距离和时间，以便判定车子在图上的位置。

第四，遇到岔路口转弯处提前给驾驶员打招呼，同时车速放慢，以便能仔细对照，确认前进方向，无把握时还要停车判读，直至现地对照无疑后，再继续开进。

六、按方位角行进

(一)行进的资料准备

1. 选择行进路线。根据任务、敌情和地形情况选定，一般应选择在地貌起伏较小、障碍较小、特征明显的地段。路线的各转折点应有明显的方位物。为防止行进时方位偏差过大，要求各转折点间的距离在 1 000 米左右，平原地区可远一些，山区和夜间则应近些。

2. 量测方位角和距离。测定图上各段的磁方位角，同时量出各段距离，并换成复步数或行进时间。换算公式为：

复步数＝实地距离(米)÷复步长

行进时间＝实地距离(米)÷行进速度

3. 绘制行进路线图。路线图可直接在地形图上标绘，即在各段方向线一侧注记行军路线的资料。也可以绘制成略图。略图可以按比例尺绘制，也可不按比例尺绘制。绘制略图时，先将出发点、转弯点、终点等附近的主要地形与方位物标绘出来，再把各转弯点，按行进顺序依次编号，最后注记各段磁方位角和行进距离或行进时间。

(二)行进要领

1. 在出发点上。首先依据行进资料在现地找到出发点的准确位置，查明到下一点的磁方位角、距离和时间，并记清沿途经过的重要地形和下一点的地形特征；然后手持指北针，转动身体，使磁针北端指向下一点的方位角密位数，这时，由照门至准星的方向，就是行进方向。并在该方向线上寻找第二点方位物(如看不见时，可在该方向线上选一辅助方位物)。最后即按此方向行进。行进一般是越野照直行进，也可记准方向，选择便于通过的道路走到终点。

2. 在行进中。要随时根据地图或记忆，对照地形，用指北针检查行进方向，记清走过的复步数或行进时间，到辅助方位物后，如仍看不到第二点方位物时，则按原磁方位角再选一辅助方位物，继续前进，直至到达第二点为止。若在起伏较大的地段上行进时，要注意调整步幅。

3. 在转弯点上。当快到达第二点时，应特别注意附近的地形特征，当走完预定距离，未见到第二点方位物时，可在这段距离的十分之一为半径的范围内寻找。如仍找不到，应仔细分析原因，是地形有了变化，还是方向距离出了差错，或者利用反方位角向第一点瞄准，进行检查。到达第二点方位物后，仍按出发点的要领，再向下一点前进，依此要领逐段前进，直到终点。

4. 行进中如果遇到障碍物，应根据不同情况采取不同的办法通过。对能通视的障碍，可沿行进方向在障碍地段的对面选一辅助方位物，然后找一迂回路线绕过障碍地段，但应将该段的距离，加在已走过的距离内，到达辅助方位物后继续按原方向前进。遇到不能通视的障碍地段时，可采取走直角四边形(或平行四边形)的方法绕过(亦应将该段距离加在走过的距离内)，然后按原方向继续前进。

第二节　定向越野

定向越野，是参赛者借助地图和指北针，按规定的顺序独立完成寻找若干个标绘在地图上的地面检查点，并以最短时间跑完全程的运动。

一、定向越野的场地和路线选择

(一)场地选择

场地应选择在起伏(丘陵)的森林地，植被适度、小地物多、地形变化多样的有限通视地域；中等高差、未耕种或农作物未长成的田地、可踩的地表覆盖物、生疏及居民稀少的地区。一些难以通行、危险的悬崖峭壁、沼泽地、自然保护区与庄稼成片的地区，厂矿、居民集中或十分熟悉的地区，不宜选作场地。

(二)路线设计

训练比赛前由组织者先在地图上研究、选定训练比赛区域，并在地图上设计训练比赛路线及各检查点。然后到实地进行勘察，调整确定训练比赛路线和检查点，并把检查点位置精确地标绘在地形图上，同时在现地做上标记，便于训练比赛时设置标志。

现地的检查点一般设置在图上做了标示的地物上，检查点附近辅助方位物的方向和距离都必须是精确的，否则应加以说明。经过图上研究和实地勘察后，将最后确定的训练比赛路线和检查点加印或标绘成训练比赛用图。检查点的位置标示符号为直径5～6毫米的红色圆圈，它的准确位置在圆心。如图4-1。

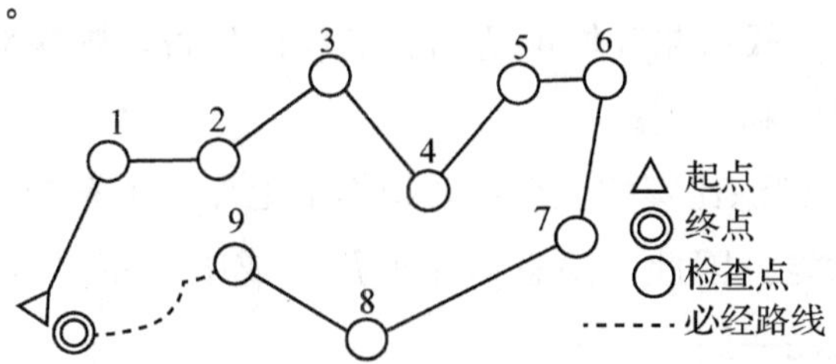

图4-1　定向越野训练比赛示意图

路线距离的长短、检查点设置的难易程度，根据训练水平和比赛的预计时间而定。初学者，训练比赛的距离通常在 3～5 千米，设检查点 4～6 个，且较容易找到；中等水平者，训练比赛的距离约 6～8 千米，设检查点 6～8 个；水平较高者，训练比赛路线的距离通常在 8～15 千米，设检查点 8～12 个，且大部分较难寻找。检查点之间的距离，一般要求为 500～1 000 米，如受地图比例尺或地形条件所限，可适当增减，但一般都不超过 3 000 米或小于 100 米。在同一训练比赛地域，应根据不同组别设置若干不同路线。在若干条路线中，可设置 2～3 个共用检查点。

起点与终点最好同设一处(亦可以分开)，要求地形平坦，但不能通视整个训练比赛区域。终点通道地段要平坦且有足够距离，便于组织工作和检查。训练比赛路线一般采用环状路线。比赛前对路线的设计及现地勘察、比赛地图的标绘，要严格保密。

二、定向越野的主要器材

定向越野训练与比赛使用的器材主要有地图、指北针、检查卡、检查点标志、点签和号码布等。

1. 地图。地图是定向越野必需的器材。定向越野比赛通常使用 1∶10 000 比例尺的地图。部队训练主要使用 1∶50 000、1∶25 000 比例尺的地图。如果地形图测制的年代较久，与现地出入较大，则需要对地形图进行修测，以保证地图的精度和较强的现实性。地图数量不足，可用地形图，经保密处理后，将训练比赛地域的范围复印出来，或者测制地形略图，再将训练比赛的检查点和路线用笔标绘上去。进行较正规的比赛，应使用最新出版的地形图。

2. 指北针。指北针是判定方位、标定地图的工具。部队使用的 51 式、62 式、65 式和 80 式指北针均可选用。如允许自备，则应对其性能、规格做出原则上的规定和检查。

3. 检查卡。训练比赛的成绩主要根据卡上点签图案的正确与否及行进时间多少进行评定。因此，检查卡主要用于成绩评定。卡片可单独印制，也可直接印在地图一侧。

4. 检查点标志。检查点是指参赛者进行训练比赛的标记，同时也是对参赛者是否按规定跑完全程的监视点。检查点标志是两色标志旗(三面合成一个立体三角形)，主体部分是一面沿对角线分开，上白下红的旗子。尺寸为 30 厘米×30 厘米，可用硬纸壳、胶合板、布等材料制作(连队也可制作更简易的标志)。标志旗通常要编上代号，如图 4-2，以便在训练比赛时，用以证实参赛者是否找到正确的检查点。

5. 点签。点签是记录训练比赛者通过各检查点时签证的工具，与检查点配合使用。点签样式可多样，常用的有印章、标签、“密码”钳等。

6. 号码布。号码布是识别比赛者参赛编号的标志。规格一般不超过 24 厘米×20 厘米，号码字规格不小于 12 厘米。

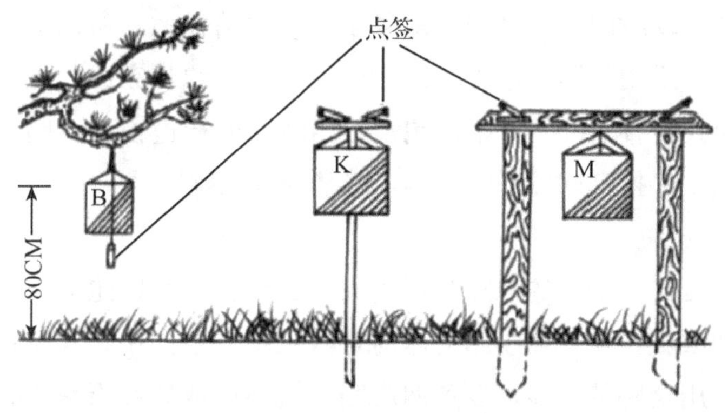

图 4-2　检查点标志

三、定向越野基本技能

(一)标定地图

定向越野大多数在行进中标定，在快速行进中标定地图时，稍减慢速度，用左手掌托住地图，右手用指北针配合，按标定地图的方法迅速标定。根据定向越野的特点，一般采用指北针、明显地形点标定。

(二)确定站立点

站立点是指定向越野行进中自己站立的位置。定向越野行进和寻找检查点，关键在于确定自己行进中的图上位置。通常采用明显方位物和点线确定。

用点线确定时，先标定地图，然后找出前方一个明显的目标及地图相应点位，将指北针直尺边切于图上点位上，以图上点为轴，转动指北针，使之与实地目标点成一线，这时站立点必然在沿线某一点处。然后测定站立点在图上的位置。如果还不能准确判定，可按此法用笔依指北针直尺边沿向后画一直线，再用上述方法，对另一目标进行作业，两线之交点即是站立点在图上的位置。

（三）越野跑技术

定向越野训练，通常在5～15千米的生疏地形上，所需时间在90分钟左右，对耐力和速度都有较高要求。这种训练实质上是一种长距离的间歇越野跑，所以越野跑技术掌握得好坏，直接影响定向越野训练效果。由于定向越野的运动时间长，途中地形复杂，体力消耗大，所以，跑进时应根据不同地形，采用不同跑进方法。途中一般应以跑步完成，复杂地段确定站立点、寻找检查点时，可采用跑、走相结合的行进方法。跑进中，应动作轻松协调，保持良好的呼吸节奏，并掌握合理跑速。

1. 跑进方法

越野跑时，由于跑的地点和环境在不断变化，所以跑的技术也要因条件的改变而改变。在一般小路上跑时，其技术基本同中、长跑；在平的草地上跑时，用全脚掌着地，以免两脚陷入坑洼内或碰在石头上；上坡、爬山时，上体应向前倾，大腿抬高些，并用前脚掌着地，小跑上去；下坡、下山时，上体应稍向后仰，以脚跟着地，如果是陡坡可用走或“之”字形跑进。

在通过较宽（2～4米）的沟渠时，采用跨步跳或跳远的方法越过，落地注意保持平稳，防止跌倒；遇到小的沟渠、壕沟，低的栅栏，矮的灌木丛或砍倒的树木时，要增加跑速，用大步跨跳而过；遇到横躺着的大树干或其他矮的障碍物时，也可用脚踏在上面的方法来越过。如在沙地或沼泽地带跑时，步子要小，频率要快。

如从1米左右的高处往下跳时，可用跨步跳动作，落地时屈膝缓和冲击力，并继续向前跑进；如从较高处往下跳时，为了降低高度，应坐在障碍物的边缘，两腿前举，同时两手推离边沿，两腿深屈落地。

在树林中比较平坦的地方跑进时，应注意保护脸和头，特别防止树枝戳伤眼睛；在通过独木桥或类似的障碍物时，应使两脚成外八字跑过或平稳走过，避免失足摔下的危险。

2. 呼吸方法

越野跑体力消耗较大，必须加快呼吸频率，加大呼吸深度，以便充分呼出二氧化碳，大量地吸进氧气。呼吸时，一般用口、鼻同时呼吸。呼吸节奏应当和跑的节奏相结合，一般采用三步一呼、三步一吸或两步一呼、两步一吸的方法。随着疲劳程度增加，呼吸频率应有所加快，达到一步一呼、一步一吸。

越野跑时，由于氧气供应的需求平衡打破，跑至一定阶段往往会出现胸部发闷、呼吸困难、四肢无力、跑速下降甚至难于继续跑下去的感觉，这是生理上的“极点”现象。当“极点”出现时，应注意做深呼吸，积极调整呼吸节奏和跑速，克服困难，使身体逐渐恢复正常。

3. 体力分配

应根据个人的能力和全程跑中各路段地形的难易情况，计划好全程的时间和各段距离的时间比例，合理分配跑速。一般应以匀速跑完全程。

四、定向越野比赛中的要领

定向越野比赛时，先在地图上标示起始点、检查点、终点，并用直线连接，各检查点编上序号。在地图相应位置的现地上，设置各点的器材与标志。

(一)出发前

参赛者在出发前，应按照比赛组织委员会的规定统一着装，如着迷彩服，穿迷彩鞋、胶鞋等，必须穿长袖服装，并佩戴号码布。携带指北针、检查卡及水壶等。了解定向越野比赛的竞赛规程和出发的信号、时间等。

(二)在标图区

当参赛者听到裁判的指定信号(如哨声)后，迅速进入取图格，并从地图箱里取出一张地图进行判读。拿到地图后，先概略了解全程路线的地形、检查点的数量。立即标定地图，确定方位。然后迅速找出第一个检查点的图上位置，并了解周围的地形特征，正确选择行进路线。一般判读地图时间为3分钟。当听到裁判员发出出发的信号后，参赛者手拿地图、指北针及检查卡出发，向第一个检查点方向跑进。

(三)比赛中

按选择的行进路线开始行进。行进时，一般把地图折叠起来，把要用的区域留出来。左手拿地图和检查卡，右手拿指北针。快到检查点附近时，对照地图，确定检查点在现地的位置，准确地找到检查点。找到检查点时，用放置在检查点上的检查钳(或印章等)，在检查卡相应位置打上密码。然后用上述方法依次寻找完全部检查点。

在比赛行进时，标定地图、确定站立点要迅速，边行进边对正检查点的方向，运用军事地形学的基本知识，以最快速度找完所有检查点。显然，掌握行进的基本方法是非常重要的。

1. 选择行进路线

定向越野一般都在有树林的丘陵地进行，通视较差，正确地使用地图、分析地形，是选择行进路线的重要环节。遇到检查点与检查点之间有道路通过，或者道路离检查点较近，但又不是捷径时，确定选择道路还是越野，应做如下分析。

地貌分析。如果两点之间的地貌起伏较大，而道路虽然是绕道(1千米绕道1.4～1.6千米)，但地形较平坦，这种情况应选择道路行进；如果两点间的地貌起伏不大(高差50米、坡度10度以下)，植被通行条件较好，选择道路行进又需多绕三分之二距离时，这种情况可选择捷径越野行进。

植被通行条件分析。如果两点间的地形起伏不大，有道路通过，绕道为原距离的1.5倍。且植被的通行条件差(如高草、灌木林、竹林等)，应选择道路行进；如果植被通行条件良好(能奔跑)，可选择越野行进。但取捷径越野行进时容易偏离方向，造成找点困难。初学者一般应选择道路行进比较稳妥，在确有把握时才选择越野行进。

选择路线时要根据地理、环境、气候和实地情况灵活选择，争取选择最佳行进路线。选择路线时可参考表4-1。

表 4-1　山林地运动速度对比表

行进路线	坡度(度)	通行程度	每千米用时(分)
沿道路	0～15	良好	7
沿疏林	5～15	可奔跑	12
沿山背	10～25	不能奔跑(树林)	14～15
沿山腰	20～30	不能奔跑(树林)	15～16
上陡坡	30～35	不能奔跑(树林)	16～17
下陡坡	30～40	不能奔跑(树林)	15

2. 沿道路行进

行进前，在出发点上先标定地图，对照周围地形，明确行进的道路和方向。行进时，应跑一段距离对照一次地图，判定当时站立点在图上的位置和已跑过的距离，确定与检查点的距离。判定站立点时，应边走边判定，主要利用明显点之间的相互关系和位置判定，随时掌握自己所处的位置。

在丘陵地沿道路行进时，判定站立点应选择便于观察、通视较好的位置，全面对照周围地形，弄清相互间的关系。特别注意抓住丘陵地的谷口、岔路口和其他方位物，判准站立点的位置。

在山地沿道路行进时，因视线受阻，应注意对比山体的大小和形状，观察山顶、鞍部、山背和山脚的特征，以及山脊走向、山谷延伸方向与山间道路的关系。通过对照，明确站立点的位置。

3. 选择明显地形点辅助行进

先标定地图，确定行进的方向，在要到达的检查点附近找出比较容易辨认的明显点(如山顶、鞍部、独立地物等)，然后利用指北针或沿道路向明显点行进。到达明显点后再迅速寻找检查点，如图 4-3。

4. 小组行进

小组行进时，组长要充分发挥每名组员的作用，共同商量、密切配合、分工明确。在判定站立点时，可用多种方法判定，确定准确位置。当

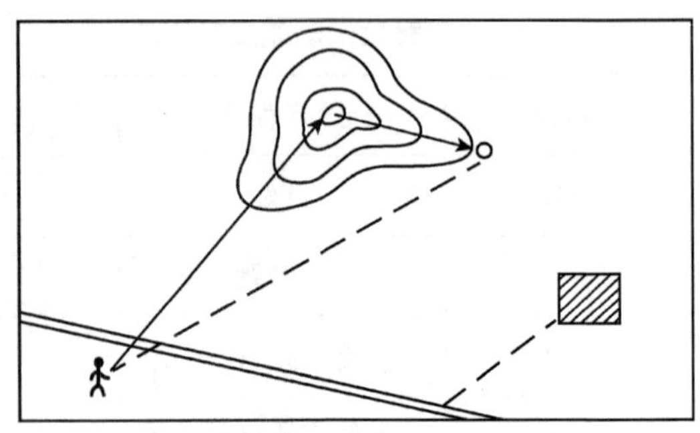

图 4-3　选择明显地形点辅助行进

行进快到检查点时，可适当散开队形前进寻找点标，以争取时间。

定向越野中，由于不可能将地图和现地时刻对照，容易偏离方向。一旦发现方向偏离，应立刻停下来，迅速标定地图，准确判定站立点。要沉着冷静，全面分析，仔细观察对照，找出从什么地方开始偏离，偏离原定方向多大。如果方向偏离太大，应立刻返回发生错误的地方重新行进，如果方向偏离不大，周围的地形通行条件较好，则可直线斜插到检查点。

(四)在终点

参赛者找完最后一个检查点时，以最快速度冲向终点。到达终点时，立即把检查卡交给终点工作人员。

五、定向越野成绩评定

定向越野的成绩评定，首先要看路线全程的检查点的印章或“密码”符号是否正确。检查点符号全部正确、用时最少者名次列前。计算团体成绩如出现一两个队所有参赛者的成绩均有效，而其他队则因一些队员检查点印章出现错漏，或到撤点时还没回来，被取消成绩，致使只有两三个队员成绩有效的情况时，则以到达终点人数多且成绩有效的参赛队名次列前。如两队人数相等，则以用时少的参赛队名次列前。

六、定向越野比赛的组织工作

(一)成立组织机构

比赛成立下列机构。

1. 领导小组

领导小组设组长、副组长各 1 人。下设技术委员、地图委员、裁判委员、会务委员，负责整个比赛工作。

2. 编排记录组

负责报名、抽签、编排，拟制各种文件、表格和记录、公布成绩。

3. 会务组

负责场地、器材、经费、交通等会务工作。

4. 裁判组

负责比赛路线的设计、点标的设置和起点、终点的裁判工作。

(二)编排与记录

1. 根据比赛的规模和参赛的人数，拟制比赛规程。规程内容包括比赛目的、项目及参赛人数；比赛时间、地点(具体地点应保密)、经费开支等。

2. 报名。制作报名表。其内容包括单位、姓名、性别、级别及说明。各代表队应提前 5 天上报各项目比赛的人数和比赛出发顺序名单。

3. 抽签、编排。抽签确定参赛者出发顺序。团体比赛的抽签方法是：在小纸片上根据参赛队数按顺序号写上数字叠好，各代表队抽一张，卡片上的号即为该队第一名参赛者出发的顺序。例如，3 个代表队参赛，每队 3 人。甲队抽签号是 3，则甲队的第一名参赛者为第 3 波次，第 2 名为第 6 波次，以此类推。波次总数由团体的总人数决定，如 3 个队，每队 3 人，则为 9 个波次。

单项比赛的抽签、编排方法与团体相同。

抽签后，根据抽签结果各代表队参赛者上报顺序，编排团体、单项出发顺序。编排工作完毕，印发给各代表队。并把号码布及按编排填写的检查卡，提前发给代表队。

(三)裁判工作

1. 起点裁判

起点裁判设检录组(员)、检查组(员)和发令员。检录组负责接待各代表队到赛场报到，并带领其进入指定准备区。赛前 5 分钟分别检录各波次参赛者，进行核对编号。每波次检录完毕，由检查组(员)指示参赛者进入等候区，听候信号进入“方格网”。“方格网”的设置可在出发线后的地段上用细绳按 1.5 米×1.5 米规格设置，细绳距地面 10～15 厘米，拉成就位、准备和待发方格网(条件允许也可用石灰画成相应的方格网)。一般比赛可不设方格网，只拉(画)一条出发线即可。如图 4-4。

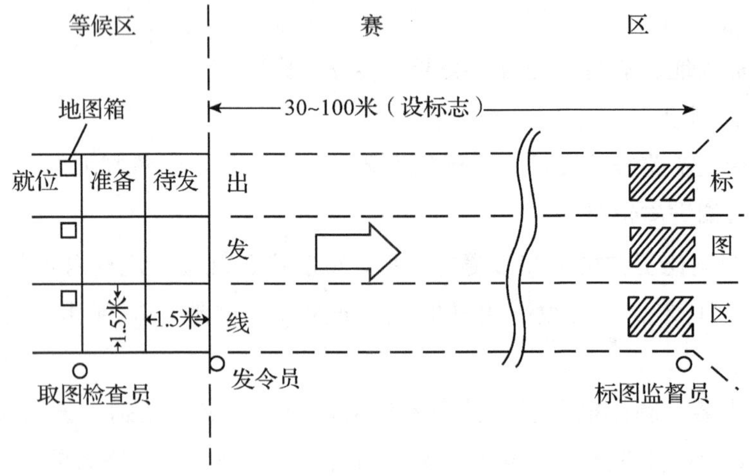

图 4-4　起点工作平面图

比赛开始时，发令员每分钟发出 1 次哨声，参赛者则按哨声向前迈进一格，进入取图格时，从地图箱里取出一张地图进行判读，标定方位。判读地图时间通常为 3 分钟(也可一两分钟)。当发令员发出第 3 次哨声时，参赛者手拿地图、指北针及检查卡出发，向第一个检查点方向跑出。迟到者从“迟到”通道出发，但成绩按原定出发时间起算。所有参赛者都按上述方式出发。第 1 波次出发哨声响时，计时裁判秒表开始计时。

2. 终点裁判

终点场区设置如图 4-5。

当参赛者接近终点区时，预告员应预告参赛者的号码，报时员预报整时整分的时间。当参赛者身体通过终点线时，报时员即报读到达时间，记时员按参赛者到达顺序记下时间，收卡员则按顺序收回参赛者的检查卡，并用笔在卡上注上顺序号，然后交给计算员算出实际用时，再交成绩验证人验证。若有队员同时到达终点，顺序监督员则应分出先后，决定到达顺

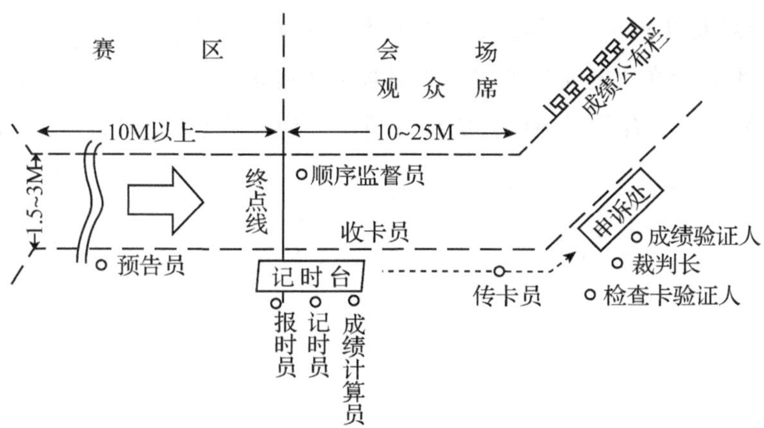

图 4-5　终点场区平面图

序。比赛前应规定终点关闭时间。

七、定向越野比赛的基本规则

1. 参赛者按规定时间出发(晚出发亦可)，自行判断和按规定通过所有检查点后到达终点，检查卡密码和顺序正确，成绩有效。

2. 终点发出关闭信号后到达的参赛者，其成绩无效。

3. 计时以参赛者胸部通过终点拉线为结束时间，计时的最小单位为秒。如有 1 个以上的参赛者时间相同，则他们的名次相同，当排列参赛者名单先后顺序时，则按出发顺序排列。

4. 参加工作的裁判员、技术指导、主办单位及有关人员，均应对比赛地点、地形、路线保密。

5. 如有下列情况者，即为犯规，成绩无效。

(1)提前出发，没有通过全部检查点；

(2)受别人指引、帮助寻找检查点；

(3)搭乘交通工具行进；

(4)呼唤本队队员，或帮助本队队员寻找检查点(除双人以上项目)；

(5)检查卡的密码图案分辨不清，或作弊者；

(6)故意干扰其他参赛者；

(7)破坏及取走检查点设施；

(8)双人以上项目的队伍在比赛中与他队调换队员。

6. 参赛者在比赛时，如遇检查点被破坏或移动，检查卡印章盖错位置又补盖另处以及有关影响比赛成绩等情况，应在终点交卡后，迅速到大会申诉处申明情况。

第五章　综合训练

综合训练是对军人走、打、吃、住、藏、管及对战斗保障、医疗救护等各方面进行全面的训练，是对军人的军事素质和心理素质的综合锻炼，是军事训练的高级阶段，可有效提高野战条件下军人的战斗能力和野战生存能力。

第一节　行军

行军是军队沿指定路线进行的有组织的移动。行军时，必须保持充分的战斗准备，迅速、隐蔽地按时到达指定地域。行军分为常行军和强行军。常行军，按正常每日行程和时速实施。徒步行军，每日行程30～40千米，时速4～5千米。强行军以加快行进速度和延长行军时间的方法实施，通常徒步时速为7千米左右。

一、行军的组织准备

(一)研究情况，拟订行军计划

指挥员应根据受领的行军命令，研究敌情、任务和行军路线，确定行军序列。指定观察员和值班火器，制定防护措施和各种情况的处置方案。

(二)做好思想动员

行军前，指挥员应根据本分队所担负的任务，结合分队的思想情况，进行深入的思想动员。要教育战士遵守行军纪律，服从命令听从指挥，不得擅自离队，不得丢失装备和食物，不喝生水，不违反群众纪律等，保障分队顺利完成行军任务。

(三)下达行军命令

下达行军命令时，应着重明确：本分队的任务、敌情、行军路线、里程、着装规定，以及起床、开饭、完成行军准备的时间与集合的时间，到达指定地区的时间以及行军序列，休息的地点等。

(四)组织战斗保障

一是指定1～2名战士为观察员，负责对地、对空观察；指定值班分队及火器负责对空警戒；二是规定遭敌核生化武器袭击时各分队的行动方法；三是规定在敌人航空兵或炮火袭击时的行军方法；四是规定伪装方法及伪装纪律。

(五)做好物资装具准备

为顺利完成行军任务，保持分队战斗力，行军前，指挥员必须检查携带的给养和饮水、武器和弹药等情况；检查着装情况，妥善安置伤病员，并根据季节，进行防暑、防冻教育和物品准备。

二、行军的指挥与管理

(一)出发时

应按上级命令，准时加入上级行军序列。在有可能发生遭遇战斗的情况下行军时，各排长应随连长在先头行进，以便及时受领任务。在公路或乡村路行军时，应沿道路的一侧或两侧行进；乘车时，沿道路的右侧行进。

(二)行进中

听从指挥，应注意保持行进速度和规定距离，未经上级允许，不得超越前面分队。通过交叉路口时，要看清路标，防止走错路。经过渡口、桥梁、隘路等难以通行的地点时，应严密组织迅速通过，不准停留。徒步行军的分队应主动给车辆、执行特别任务的分队和人员让路。

摩托化行军时，应保持规定的车速、车距，不得随意超车和停车，主动给指挥车和特种车让路。如车辆发生故障，应靠道路右侧停车抢修；修好后，根据上级指示归队。夜间行军，要严格灯火管制。

(三)按上级的指示组织休息

小休息应靠路边，保持原来队形，并督促战士整理鞋袜、装备等。大休息应离开道路，进入指定地区，并派出警戒；必要时，可占领附近有利地形，加强对空观察，保持战斗准备。夜间休息时，人员不准随意离队，武器、装备要随身携带。出发前，应清点人数，检查装备，补充饮用水。

(四)行军中收容

各连应指定一名军官，带领卫生员和若干体力较好的战士组成收容组，在连队后尾跟进，负责收容伤病员，组织掉队人员跟进。

(五)遇敌空袭时

应指挥分队迅速向道路的一侧或两侧疏散隐蔽(乘车时要下车)，并指定火器射击低飞敌机。如空袭情况不严重或行军任务紧迫，分队则应采用散开队形，增大距离，加快速度前进。

第二节　宿营与警戒

宿营是指军队在行军或战斗后的住宿。其目的是使部队得到休息和调整，以便继续行军或做好战斗准备。

一、宿营地区的选择

宿营地区的选择，应根据敌情、地形、任务和行军编成而定。既要能保证战士安全休息，又要便于迅速投入战斗。选择宿营地区时，通常还要考虑以下因素：一是要符合战术要求，从具体位置到配置方式都应以预想的战术背景为基本前提；二是要着眼于训练课目需要，有利于达到训练目的；三是要方便生活，尽量靠近水源，并有进出道路；四是要选择在群众基础较好或影响群众利益较小的地区。

露营地域，夏季要尽量选在高处，避开低地、洪水道和易于坍塌的地方；冬季应选在避风向阳处。

二、宿营方式

宿营方式分为舍营、露营及舍营与露营相结合三种。舍营，是军队在房舍内宿营。露营，是军队在房舍外宿营，通常在不具备舍营条件时采用，是平时部队训练的重点。野外露营的方式分为利用制式器材露营和利用就便器材露营。制式器材露营，通常是指利用帐篷或装配式工事等装备的制式器材进行露营。就便器材露营，通常是指利用车辆、坦克、篷布、雨衣等进行露营。

三、宿营的基本要求

指挥员应了解宿营地域情况，到达宿营地后，必须做好以下工作。

派出岗哨和观察员，如单独宿营时，应向重要方向派出班哨和步哨。必要时，派出游动哨。

应立即组织所属指挥员勘察地形，划分各排的隐蔽配置位置，规定紧急集合场和防敌空袭的疏散隐蔽地域。明确遭敌袭击时各分队的行动。

组织分队构筑必要的工事并进行伪装，建立通信联络。侦察水源并科学划分饮水和洗刷的河流地段。

督促战士用热水洗脚，整理装备，烤晒衣服，抓紧时间休息。

组织各班、排构筑厕所，教育战士不得随地大、小便。

炊事员应注意饮食卫生和调剂生活，检查食物是否清洁，防止中毒。

了解当地民情，尊重群众的风俗习惯，遵守三大纪律八项注意；密切军民关系，同驻地民兵协同做好防空及防奸保密工作。

及时向上级送宿营报告。

四、宿营中各种情况的处理

接到空袭警报时，应立即指挥人员疏散隐蔽；指挥对空值班火器射击低空敌机。

驻地附近发现敌空降时，应与民兵配合将其歼灭。

当遭地面之敌突袭时，应指挥分队迅速抢占有利地形，边战斗边查明情况，并根据上级指示，将敌歼灭或撤出宿营地域。

宿营结束后，要认真清理文件和武器装备，避免丢失，消除宿营时所留痕迹并做好善后工作。

第三节　野外生存

野外生存主要发生在以下几种情况下：一是和平时期较长时间远离基本生活区的野外作业和训练，这是在预有准备情况下进行的；二是战争时期的野外行军作战，这是在毫无准备的情况下遭遇的意外情况；三是因意外情况受困荒野，这是特殊环境决定的。不管遇到哪种情况，要适应野外生存的环境，就必须有充分的物质准备和精神准备。

一、野外生存的物质准备

(一)行装准备

对有计划的野外行动，出发前，应根据客观环境的需要选择合适装备。这些装备主要有基本用品、医疗卫生盒、百宝盒三大类。

1. 基本用品的准备

鞋子。挑选合适的鞋子，出发前数周就进行试穿，使新鞋与脚有一个磨合过程，以避免或减少脚起泡。

衣服。根据预定的野外活动季节与时间长短，挑选合适衣服。一套换洗的衣服和一套休息时能增加保暖性的衣服；在严寒天气，应有几件御寒衣服；雨季外出必须带上雨衣。

被装。根据季节选择合适被装，最好选择柔软、轻便、保暖性能好的被装。

帐篷。野外生活时间较长时，应备有帐篷，以作为日常活动的场所。

背包或行囊。要有一个背着舒适而且结实、防水的背包或行囊，以便携带衣物和必要装备。

食品。各种食物的比例可按照自己的口味确定，但一定要保证营养物的合理配置。

通信设备。个人或小分队野外行动，须备有无线电通信设备。出发之前，所有电子设备应充满电，并带有备用电源。使用时，应尽量节省电能消耗，以延长使用时间。

2. 医疗卫生盒

内装常用药和卫生用品，所有药品都应标明用法、用量和有效期。还可根据个人习惯以及执行任务区域的流行病特点，灵活选择搭配。主要有以下一些药品。

跌打损伤药。如扶他林、三七片、云南白药等。

膏药类。使用前，应保证清洁伤口，常用的有创可贴、风湿止痛膏、红药水、冻疮膏等。

急救包、绷带等。用来固定受伤部位，促使伤口愈合。

镇痛类药。这类药可缓解疼痛，减轻痛苦。

肠道镇定剂。这类药用于治疗急性或慢性腹泻。常用的有神奇止泻丸、黄连素等。

抗生素。用于治疗常见细菌感染，常用的有阿莫西林、派乙酰螺旋霉素等。

感冒药。如百服宁等。

防中暑和抗过敏药类。如藿香正气水、人丹、扑尔敏等。

防毒蛇咬、蚊虫叮伤药。常用的有蛇药片、风油精等。

抗疟疾类药品。在疟疾流行区，这类药品是必备的。

另外，还应备有高锰酸钾和漂白粉之类的消毒、灭菌药物。

3. 装备百宝盒

“百宝盒”，也称“救生宝盒”。盒中应装以下物品。

刀具。在野外紧急求生时，刀既是工具，也是武器。

点火用的火柴、蜡烛、打火石、放大镜和手电筒。火柴最好带防水的。

针和线。针要有大、小几种型号，线要选择坚韧耐磨的，并将其绕在针上。

鱼钩和鱼线。

指南针和绳索。最好带细而结实的尼龙绳索。

饭盒。最好是铝制饭盒，既轻便耐用，又是很好的炊具，还能盛放各类救生物品。

救生袋。严寒季节外出，带一只长 2 米、宽 0.6 米的聚乙烯薄膜大袋子，意外情况下钻到里面，可以减少热量散发，达到保暖救命的效果。

(二)携装

携装也叫着装或装载。行装的装载程序应根据先用后装、后用先装，常用的物品装在最上面(或边袋)的顺序进行。为了方便，最好把所有东西分门别类地放在各种聚乙烯透明袋里。每件物品应有相对固定的存放位置，每次使用完后，都必须放回原来位置。

(三)意外情况下搜集和制造装备

受困于荒野之中，面临恶劣的气候和时常出没的野兽，没有必要的工具和武器是非常危险的。因此，要善于寻找和利用各种自然资源，加工制作成各种各样的工具和武器，以战胜恶劣环境，为野外求生创造有利条件。

当乘坐各种交通工具远行，不幸发生意外受困荒野、孤岛时，不要匆忙离开出事地点，在判明没有危险时，留在出事地点及其附近地域采取自救措施，等待救援；当出事地点远离人烟、短时间内难以得到救援时，应就地搜集一切可用之物，改造成求生的工具和武器装备自己。然后根据客观情况，决定下一步求生行动。

二、野外生存的基本需要及其获取

生存的基本需要是水、火、食品和庇护所，它们各自的重要程度取决于所处环境。在求生的一切努力中，第一个行动就是要确定自己当前的首要需求是什么。然后，按照需求的轻重缓急，逐一想办法解决。

(一)水

水是人体的最基本需求，离开它，人就无法生存。身体消耗的水分要是得不到及时补充，健康和工作效率就无从谈起。一旦缺水时间较长，就可能出现脱水现象，甚至危及生命。因此，保持体液和补充水分，是野外生存必须优先考虑的因素。一方面，要注意保留珍贵的应急储备水，并尽最大努力去寻找水源；另一方面一旦出现缺水，当务之急是最大限度地缓解身体脱水状况，以维持体液平衡，然后再想办法找水补充。如在短时间内难以找到水源，则必须保持平静，减少体液消耗，争取时间，寻求和等待救援。

(二)食物

食物是为人体提供热能和营养以维持生命的基本物质，因此，受困荒野，要战胜危机，生存下去，重要的是要想办法获取食物。

人类必需的食物分为植物类食物和动物类食物。野外生存，要寻找到可以充饥的植物，并辨别有无毒性。如果是自己所不认识、未曾尝试过的植物，在食用之前，必须先鉴别其是否有毒，可否食用。尝试时，一人一次只能尝试一种。在尝试过程中，如果出现疑惑，就不要试下去，应尽快设法把它呕吐出来。

动物类食物。捕捉一切能够食用的小动物，是野外求生时解决食物来源的有效方法。比较容易捕捉的主要有蛇、蛙、龟、鱼、虾等。昆虫也是野外求生者能获取的动物性食物资源。最有利用价值的是白蚁、蝗虫、蟋蟀、蜜蜂等。特别是蜜蜂，不但蛹、幼虫和成年蜂都可以吃，而且在蜂房里还可以找到蜂蜜。

(三)火

对于野外求生者来说，火有着特殊的重要意义。它不仅能保持体温，减少体内热量散失，而且，它还可以烤干衣服、煮饭烧水、熏烤食品、吓跑野兽、驱走害虫等。总之，火能给你带来生机和活力。但是，用火不慎，引发火灾，也可能危及生命，破坏自然生态，造成不可挽回的损失。所以，野外求生者，不仅要懂得如何生火、用火，而且要懂得安全用火。

选择生火地点时，要尽量避开易燃的植被；生火前，生火点四周要有足够的防火隔离带。如果没有自然形成的隔离带，必须人工开辟 2 米以上的防火隔离带；要有灭火应急措施，在生火点的旁边，必须备有沙土堆或水，或者备有灭火工具，一旦火势失控，马上扑灭；从点火到撤离的整个用火过程，火堆、火炉边都必须有人值守。如果是单人行动，至少必须与火堆保持目视联系，并时时注意观察火势，发现燃烧有可能失控时，立即进行处理；撤离生火地点时，必须把火彻底扑灭，并用沙土覆盖，以防死灰复燃，引发火灾。

(四)露营地与庇护所

野外求生，在短时间内难以得到救助而不得不在荒野之中生存较长时间时，庇护所是满足生存需要的一个非常重要的场所。因为，在正常情况下，睡眠和休息本身就是人的基本生理需求。没有一个合适的栖身之所，得不到很好的睡眠和休息会使求生者情绪低落，精神沮丧，体质下降，生存概率随之而下降。尤其是在严寒或风雨交加的情况下，如果没有一个可以抵御风寒和雨淋的栖身之所，在寒风大雨之中，求生者体温、体能会急剧下降，意志将被摧垮，并很快危及生命。所以，合适的露营地和庇护所，是野外生存不可缺少的。

露营地的选择应当注意：尽量选在可以防风、防雨，山洪冲不到、不会受到落石或雪崩威胁、比较平坦的地方；尽量选在离水源较近、附近有可利用的林木的地方，但不要把帐篷搭建在与水源过分靠近的地方，因为太靠近水，一旦上游暴发山洪，就有被冲走的危险，而且蚊虫较多，易受叮咬，流水声响也会妨碍睡眠；尽可能选择有自然地形地物可以利用的地方，这样可以为构筑庇护所打下良好基础。利用自然地形地物构筑庇护所，不但可以节省材料和体力，而且可以提高庇护所的稳固性。

野外露营的方式，通常是在预有准备的情况下，利用随身携带的帐篷或就地获取的材料，搭建栖身之所进行露营。

庇护所也有自然形成的。例如山洞、石崖、大块岩石等，这些自然地物，有的直接可以利用，有的则要加以改造。

第六章　核生化武器及其危害、防护

核生化武器具有独特的杀伤机理、巨大的杀伤范围、毁灭性效果，一旦使用能使敌方蒙受巨大损失，并造成强烈的心理和精神影响。历史上化学武器与核武器一经问世就立即投入战争使用，并取得出其不意的作战效果。

第一节　核武器及其危害、防护

核武器是指利用原子核裂变或聚变反应，瞬时释放巨大能量，产生爆炸，具有大规模杀伤破坏作用的武器。核武器通常指狭义的核武器，即由战斗部及其承载壳体组成的核弹。广义的核武器通常指由核弹、投掷/发射系统、指挥控制、通信和作战支持系统等组成的、具有作战能力的核武器系统。

一、核武器的分类

从不同角度出发，核武器的分类有以下几种：按核装置原理结构，可分为裂变武器(即原子弹)和聚变武器(即氢弹)；按投掷发射系统，可分为核导弹、核炸弹、核炮弹、核深水炸弹和核鱼雷等；按作战使用性质，可分为打击战略目标的战略核武器和打击战术目标的战术核武器；按爆炸威力大小，可分为高威力核武器(百万吨级 TNT 当量以上)、中威力核武器(10～100 万吨级 TNT 当量)和低威力核武器(10 万吨级 TNT 当量以下)，但其界限也不是很严格的。

核爆炸方式分为大气层核爆炸、地下核爆炸、水下核爆炸和高空核爆炸。

大气层核爆炸。按比高又可分为空中核爆炸和地面核爆炸。空中核爆炸指爆炸高度不足 30 千米，但火球不接触地面的核爆炸，可杀伤暴露的和隐蔽在野战工事内的有生力量，摧毁地面和浅地下目标，对地面的放射性沾染较轻。地面核爆炸指火球与地面接触的爆炸，可杀伤工事内的人员和摧毁地面坚固的或浅地下较坚固的目标，在爆区和云迹区造成严重的地面放射性沾染。

地下核爆炸。指地面以下一定深度的核爆炸，可破坏地下爆心近处坚固的工程设施，如地下指挥中心、导弹发射井等，也可堵塞重要关卡、隘路。

水下核爆炸。指在水面下一定深度的核爆炸。所产生的强基浪和水柱，可以破坏舰船、港口等重要目标，巨浪和回落的海水中含有大量的放射性物质，会严重污染爆心附近水域。

高空核爆炸。指爆炸高度在 30 千米以上的核爆炸。可毁伤一定空域内的卫星、导弹，对地面指挥控制通信系统造成破坏。核武器在空中不同高度或地(水)下不同深度爆炸时，外观景象和杀伤破坏效应差别很大。

二、核武器杀伤破坏效应

核武器在大气层爆炸时，产生的杀伤破坏效应主要有冲击波效应、光辐射效应、早期核辐射效应、放射性沾染效应和核电磁脉冲效应。

核爆炸冲击波效应。核爆炸过程进展非常迅速，核反应一般在微秒级的时间内即可完成。在这样短的时间内释放出的巨大能量会在爆点周围不大的范围内形成高温和高压等离子体，等离子体加热并压缩周围空气使之急速膨胀，产生高压冲击波。威力在万吨 TNT 当量级以上的空爆和地面核爆炸的冲击波在较大区域内是杀伤破坏的主要因素，其杀伤破坏效应主要是超压和动压引起的直接破坏及间接破坏。核爆炸冲击波对面目标的破坏效果，通常以超压超过一定量值的区域面积来度量。度量点目标的破坏能力，还要考虑核武器命中的精度等因素。

核爆炸光辐射效应。地面和空中核爆炸会在周围空气中形成火球，发出很强的光热辐射。光辐射是重要的杀伤破坏因素，对人员的杀伤主要是烧伤和“闪光致盲”，对建筑结构和其他物体的作用主要是热效应，引起大范围火灾。

早期核辐射效应。核爆炸产生的中子和 γ 射线等会对人员、其他生物、电子器件和其他物体造成损伤。由于空气的吸收，其强度随距离的增加衰减很快。即使是千万吨 TNT 当量级的大气层核爆炸，其早期核辐射杀伤破坏半径也只有数千米。

放射性沾染效应。核爆炸放射性沾染指核爆炸产生的裂变产物、剩余核材料和各种射线感生的放射性物质造成的沾染。这些物质的放射性半衰期，短的只有数秒，长的可达上亿年，主要通过污染环境来伤害人和其他生物。

核电磁脉冲效应。核爆炸产生的向外辐射强 γ 和 X 射线与周围物质相互作用，造成非对称空间电子流，产生核电磁脉冲。核电磁脉冲时间宽度窄，频谱宽，强度可比普通无线电波高百万倍，主要破坏电子系统，使指挥控制、通信系统失灵。核爆炸威力相同时，核电磁脉冲强度随爆高不同差别很大。高空核爆炸产生的核电磁脉冲效应最强，破坏范围最广，可达离爆心近千千米的目标。

水面及水面以上核爆炸的杀伤破坏效应，主要是冲击波引起巨浪的破坏效应，其放射性沾染主要集中于回落的海水内，将严重污染爆心附近的局部水域。

三、全球核武器数量

2017 年 7 月，联合国大会通过《禁止核武器条约》，条约希望“禁止核武器的拥有、研发、储存、转移、试验，或是威胁使用”，让核武器“完全非法化”，要求各国销毁所持有的核武器。

2018 年 10 月，俄、英、中、美、法签署联合声明，反对《禁止核武器条约》，不会签署。截至 2020 年 8 月，已有 44 个国家批准该条约。《禁止核武器条约》将在得到 50 个国家批准之后生效。

当前，面对世界安全局势的不断变化，核武器仍然是世界强国之间相互制衡与博弈的重要砝码。根据《斯德哥尔摩国际和平研究所2019年鉴》统计，截至2019年1月，全球9个有核国家核武库共计保有核弹头13 865枚，较上一年度减少600枚，表明全球核裁军取得一定进展，但与此同时，各大国也在不遗余力地升级其核武库，核弹头减少并不意味着核战争造成的杀伤力降低。

2020年6月15日，美国《防务新闻》网站公布《2020年SIPRI年鉴》报告，报告将俄罗斯、美国、中国、英国、法国、印度、巴基斯坦、以色列和朝鲜认定为“拥有核武器的国家”。相比2019年的统计数据，2020年上述国家拥有的核弹头从13 865枚下降至13 400枚，但“量降质升”，其中约3 720枚核弹头被部署到作战部队。美国2019年核弹头总数为6 185枚，2020年降为5 800枚。俄罗斯2019年的核弹头总数为6 500枚，2020年降为6 275枚。法国核弹头总数也从300枚下降到290枚。英国核弹头总数从200枚增加到215枚。印度核弹头总数从2019年的130～140枚快速增加到2020年的150枚。巴基斯坦的核弹头数量为160枚。

四、未来核武器的发展

核武器的威慑作用仍将是国家安全的战略基石，核武器仍将是军事大国发展的战略重点。一些核大国为继续保持核优势，正利用计算机模拟和次临界试验等手段，保持现有核武器的有效性和发展新的核武器。传统的陆基、海基、空基“三位一体”核威慑体系，正在向以核威慑为基础、常规威慑与信息威慑相结合的威慑体系转变。战略弹道导弹将进一步提高其可靠性、命中精度及攻击地下深藏目标的能力。隐蔽性好、生存力强的潜射弹道导弹及战略导弹核潜艇的发展也将进一步加强。军事大国正积极建设由核与非核的打击系统、主动与被动的防御系统、灵活反应的国防基础设施组成的新“三位一体”战略力量。

核武器持有国以质量为核心，全面推进战略核武器的现代化建设。在需求牵引下，美、俄已提出在今后一段时间需要发展的新型核武器大致有下列四种：具有更高突防能力的新型核武器；高精度低威力核武器；使电子系统失灵的增强核电磁脉冲弹；可摧毁生物、化学武器的增强辐射“除剂武器”等。有报道说，美国利用高强度的X射线照射产生高温高压条件，完成新型核试验。有专家认为，美国已具备在不进行核爆炸的情况下发展新型核武器的能力，此举还能有效规避国际禁止核试验条约的限制。

五、对核袭击的防护

(一)发现核闪光时的行动

对核袭击的最好防护措施是进入人防工程，但必须在听到空袭警报时完成，否则，就只能视情况采取相应的防护行动。

空袭来临时，对于来不及进入人防工程和其他掩蔽场所的人员，见到闪光应立即就近利用地形地物进行防护。遇到较大地形地物如土丘、坑沟、矮墙时，横向爆心卧倒；地形地物较小时，面向爆心卧倒；无地形地物时，背向爆心卧倒。卧倒动作要领：双手交叉垫胸前，脸部尽量夹于两臂之间，两肘前伸，双腿伸、并拢，闭眼、闭口(有条件时堵耳)、停止呼吸15～20秒钟。在防护时应避开高大建筑物、高压电线及易燃易爆物。待瞬时杀伤因素过后，应立即进行人员呼吸道和皮肤防护，戴上防毒面具或口罩，弹掉身上的尘土，披上防毒斗篷或雨衣、塑料布，按防空部门的指示转移出沾染地域或就近进入人防工程掩蔽。

人员发现闪光后，应靠墙根、屋角或在床下、桌下卧倒或蹲下进行防护。注意避开玻璃门窗或高大框架，以免玻璃碎片或重物倒下对人员造成间接伤害。

(二)放射性灰尘沉降时的行动

核爆炸后，蘑菇烟云中的放射性物质，在较短时间内就能降落到地面。为防止放射性灰尘沉降时随呼吸道进入人体或降落到皮肤上，在沾染区的人员要及时戴好防毒面具或口罩，或用毛巾捂住口鼻。扎好裤口、袖口、领口，简称扎“三口”，或用雨衣、塑料布、床罩等身边容易得到的器材把暴露的皮肤遮盖起来，或直接躲进可掩蔽的装备或建筑物内，尽量减少室外活动。室内人员应立即关好门窗，堵住孔口，密封食品、饮水，进入地下室或建筑物中心房间，静听外面关于落尘情况的通报。

(三)人员在沾染区的防护措施

人防工程对核武器的各种杀伤因素都能防护，在工程内隐蔽的人员，只要严格遵守工程使用规则和管理人员的指挥，就能保障安全。

对于没能在核爆炸时进入人防的工程人员，当瞬时杀伤因素作用过后，仍需在放射性沾染区行动时，由于空气、地面都有沾染，所以要戴防尘口罩，注意保护皮肤，防止携带物品受到沾染。不允许在沾染区内吃东西和喝水，尽量快速离开。撤离时要注意防护专业队做出的标志，避免扬尘，绕过水洼，不能摸电线，避开可能泄漏的地方，条件允许时尽量转移到危险小或能防辐射的工程中去。如果没有事先服用防辐射预防药，事后可在医生指导下服用抗放射性药或抗菌药物。

(四)放射性沾染的消除方法

消除衣服上放射性灰尘的方法是自己或相互拍打和抖动。要领是：小心解开“三口”，脱下外罩衣裤，不摘面具，人员背风而立，抓住受沾染服装的两肩或裤腰，上提要轻，下甩要重，用力向下抖动。然后挂在树上，按照自上而下、先外后里的顺序拍打。消除靴子上的放射性灰尘的方法是用抹布或旧衣服蘸水擦拭，用刷子刷。胶鞋可以用水洗。面具可用蘸肥皂水的棉球擦拭其外表面。消除完毕后摘下面具、手套。

人员皮肤受沾染后，要尽快洗消。头、颈部要用清水和肥皂进行擦洗。还要清洗鼻腔，漱口，擦洗耳窝。条件允许时，严重沾染的人员，应利用肥皂、洗涤剂等进行全身淋浴。无水时，可用干净毛巾、纱布等干擦。擦拭一次将毛巾、纱布翻一次，防止已消除部位被重新沾染。对被沾染的粮食、蔬菜和饮水的消除方法是：对包装完好的粮食，可采用扫除、拍打的方法，消除包装表面的沾染物；对包装不严密的粮食，在除去表层后，其余用清水淘洗 2～3 次。蔬菜、水果受沾染，应采用清水反复冲洗或剥皮的方法进行消除。对饮水沾染的消除，可以用土壤净化、过滤或吸附沉淀的方法进行净化处理。处理过的粮食和水等，均应经检查符合食用标准后方可食用。

误食受沾染的食物和水时，可遵医嘱尽快采取催吐、洗胃、利尿等消除方法。对被沾染道路、地面的消除可视具体情况，采用铲除、覆盖或用水冲洗等方法。

六、对核事故的防护

当核事故发生时，要在统一指挥下，采取如下应急防护措施。

掩蔽。重大事故发生时，不要外出，要关闭门窗，堵塞通气孔，停止一切户外活动，视情况开窗通风。

交通管制。禁止人员车辆进入危险区，防止放射性物质在更大范围内扩散。服用碘片。如有必要，政府将发放碘片，以防止放射性碘在人体甲状腺浓集。

临时疏散人员，当放射性物质超过允许吸量时，采取措施，把人员临时性撤离到安全地区。

做好个人防护和去污。外出要戴口罩、风镜、帽子、面纱巾等。扎好“三口”，减少暴露部位，免受污染照射伤害。及时用水和肥皂清洗被污染的皮肤，减少放射性物质对人体的照射伤害。

做好对食品和饮水的管理。在受污染前，应及时把放在室外的食品收藏到室内，水井口要用塑料布等包扎好后再加盖。对受污染的食品和饮用水，须经卫生监测部门检测，并经清洗、存放及其他方法处理合格后，方可食用。

由于核泄漏地域放射性沾染沉降的速度比核爆炸时放射性沾染速度慢，所以在核泄漏地域吃防辐射药很有效，疏散比掩蔽的防护效果更好一些。

第二节　生物武器及其危害、防护

生物武器是指以生物战剂杀伤有生力量和毁坏农作物的各种武器、器材的总称。包括装有生物战剂的炮弹、航空炸弹、火箭弹、导弹和航空布洒器、气溶胶发生器等。生物武器可使大量人、畜发病或死亡，也可大规模毁伤农作物，从而削弱敌方战斗力，破坏其战争潜力。

生物战剂是指军事行动中用以杀伤人、畜和破坏农作物的致病微生物、毒素和其他生物活性物质的统称。过去的生物战剂仅属细菌，故旧称细菌战剂。生物战剂是构成生物武器杀伤威力的决定因素。致病微生物是有生命的物质，一旦进入机体，即能大量繁殖，其代谢产物能破坏机体的正常功能，导致发病或死亡。毒素是细菌或真菌在一定条件下产生的有毒蛋白质，没有生命，很小量即能引起人、畜中毒或死亡。生物活性物质是正常机体自身产生的调节生理和心理功能的物质，如过量或比例失调，即能使人的生理、心理或行为失常。生物战剂必须具备的条件：在生产、贮存、运输、释放过程中能较稳定地保持致病能力；能大规模生产；致病力强，极少量战剂即能致病或致死；使用者有保护己方军队和居民的有效手段(如预防疫苗)。

一、生物武器的特点及危害

(一)生物武器的特点

生物武器主要有以下特点：①面积效应大。在现代战争中，作战部队多采取疏散配置，因而武器的面积效应受到军事家的重视。在核生化大规模杀伤性武器中，生物武器单位质量的面积效应最大。据世界卫生组织报告，1 架飞机所载核生化武器的杀伤面积分别是：1 枚百万吨 TNT 当量级核武器为 300 平方千米，10 吨生物战剂则达数千平方千米，15 吨神经性毒剂为 60 平方千米。生物战剂的杀伤剂量极小，如成人吸入 50 个土拉杆菌即能发病；A 型肉毒毒素的呼吸道半数致死浓度仅为神经性毒剂维埃克斯的 0.3%。②具有传染性。许多生物战剂，如鼠疫杆菌、霍乱弧菌等，不断从病人体内排出，感染周围健康人，在人群中造成流行，不断扩大流行面积。③生物专一性。生物武器只能伤害人、畜和农作物等物体，适用于攻击不拟破坏的目标区。④没有立即杀伤作用。生物战剂进入人体后，必须经过一定的潜伏期才能发病。它不能使被攻击者立即停止战斗活动，因此，一般不适于作为战术武器。⑤效果受自然因素影响大。生物战剂是活的微生物或具有生物活性的大分子物质，温度、湿度、日光和多种理化因素都能影响其活性，在自然界作用持续时间比较短，贮存时间也比一般武器短。生物武器的使用受到许多条件的限制。特别是受到气象因素的影响很大，释放后的效果不易预测和控制。⑥生产设备比较简单，所用原料容易获得，一般有大量生产抗生素或疫苗能力的国家就具有生产生物战剂潜力。故有人称之为“穷人原子弹”。

生物武器的使用一般可分为公开使用与隐蔽使用两种。公开使用，可选择最佳条件、最有效的生物战剂和最有利的时机。隐蔽使用，则受到较多条件限制。所采用的生物战剂通常选择攻击目标地区内原来就存在的致病微生物，使对方难以察觉。

生物武器的攻击目标通常是工业中心、交通枢纽、重要军事基地、大兵团集结地区等战略目标。大面积单一农作物地区，如小麦、水稻、玉米种植地区，以及大型牧场都可能成为生物武器攻击的目标。一些潜伏期短、非传染性的生物战剂，如肉毒毒素和委内瑞拉马脑炎病毒等也可作为战术武器，用以攻击对方坚守的防御阵地等目标。

(二)生物武器的危害

生物武器具有极强的致病性和传染性，能够造成大批人、畜受染发病，并且多数可以相互传染。受染面积广，大量使用时可达数百平方千米或数千平方千米。危害作用持久，炭疽杆菌芽孢在适合条件下能够存活数十年之久。带菌昆虫、动物在存活期间，均能使人、畜受染发病，对人、畜造成长期危害。许多病菌在作为武器使用之后，可以长期存活在土壤和水中，遗患无穷。第二次世界大战期间，英国在格鲁尼亚岛试验一颗炭疽杆菌炸弹，五六十年后该岛仍不能住人。但生物战剂受自然条件影响大，在使用上受到限制。日光、风雨、气温均可影响其存活时间和效力。

1975 年 3 月 26 日，《禁止生物武器公约》正式生效。公约迄今共有 183 个缔约国，中国于 1984 年 11 月 15 日加入公约。其主要内容是：缔约国在任何情况下不发展、不生产、不储存、不取得除和平用途外的微生物制剂、毒素及其武器；也不协助、鼓励或引导他国取得这类制剂、毒素及其武器。

但是由于缺乏必要的核查机制，公约的执行与监督困难重重。包括中国在内的绝大多数缔约国都主张谈判一项旨在全面加强公约、包含核查机制的议定书。但美国一直对此予以拒绝，也是唯一一个迄今仍在独家阻挡重启公约核查议定书谈判的国家。

二、生物战剂的分类与特点

(一)生物战剂的分类

生物战剂有多种分类方法。生物战剂按微生物种类可分为：①细菌类战剂。主要有炭疽杆菌、鼠疫杆菌、霍乱弧菌、土拉杆菌、布氏杆菌等。②病毒类战剂。主要有黄热病毒、委内瑞拉马脑炎病毒、天花病毒、马尔堡病毒等。③立克次体类战剂。主要有流行性斑疹伤害立克次体、Q热立克次体等。④衣原体类战剂。主要有鸟疫衣原体。⑤真菌类战剂。主要有粗球孢子菌、荚膜组织胞浆菌等。⑥毒素类战剂。主要有肉毒杆菌毒素、葡萄球菌肠毒素等。

按对人、畜的危害程度可分为失能性战剂和致死性战剂。按是否具有传染性可分为传染性生物战剂和无传染性生物战剂。按潜伏期的长短可分为长潜伏期与短潜伏期两类。如天花病毒进入人体后，要经过7～16天的潜伏期方能发病，属于长潜伏期生物战剂；葡萄球菌肠毒素气溶胶经过呼吸道进入人体后1～6小时即发病，属于短潜伏期生物战剂。短潜伏期生物战剂有可能用作战术武器。生物战剂的种类繁多，性能各异，为一些拥有生物武器的国家提供了选择使用的条件。如破坏对方后方的生产和运输，可使用传染性强的、致死性高的生物战剂；攻击准备占领后立即使用的港口、机场等目标，可使用短潜伏期、非传染性生物战剂。

(二)生物战剂侵入人体的途径

生物战剂侵入人体的途径有4个：①通过污染空气经呼吸道进入人体。这是最容易实现的侵入方式。一般通过飞机、导弹等喷洒生物战剂气溶胶，可造成大面积污染。②通过食物和水经消化道侵入人体。活的微生物在食物和水中可较长时间存活，造成长时间污染。③通过感染致病微生物的吸血昆虫叮咬，经皮肤侵入人体。如黄热病毒经埃及伊蚊叮咬而传播。这些病毒可在蚊体内存活3～4个月。④通过皮肤、黏膜伤口侵入人体。

三、未来生物武器的发展

当前，全球生物科技的飞速发展使生物技术和生命科学领域不断取得新突破，同时也为出现新生物武器提供更多可能性。而伴随着国际斗争和战争方式的变化，生物武器的使用方式更趋灵活多样。个别国家以增强反生物恐怖和应对传染病能力建设的名义，显著强化生物防御战略与部署，大力开展全方位的相关研究与技术发展。当前，虽然许多生物技术和毒剂未实现武器化，但我们依然不能忽视由此带来的潜在威胁。

生物技术飞速发展，包括基因改造等在内的一些具有两用型的生物研究技术不断成熟，新型生物武器正在向增强感染性、研制新战剂、发展基因武器的方向发展，甚至具有杀伤范围可控，具有种族选择性等特点。

21世纪初基因工程飞速发展，由英、美、日、德、法、中六国科学家参与的人类基因组工作草图的测定业已完成。它首先给人类带来的是惊喜，因为它为解释生命现象和疾病发生机理提供新的可能性，可以直接指导基因产业和医疗卫生工作。然而，基因组研究如同一把双刃剑，在造福人类的同时，也会给人类带来灾难，因为它也为研制新生物战剂提供技术支持，使人类再次面临一种新型武器的威胁。

例如，蛋白质工程和遗传工程技术，采用类似工程设计的办法，根据作战需要，在一些致病细菌或病毒中植入能对抗普通疫苗或药物的基因，产生具有显著抗药性的致病微生物；或在一些本来不会致病的微生物体内植入致病基因，制造出新的生物战剂。

事实上，一些国家已经开始基因武器的研究。已知的有两种类型：一种是针对某种人的基因密码特征去杀伤某种人；另一种是利用基因工程创造某种生物战剂去破坏人的免疫系统。应该说，基因武器的研制与使用是生物战的深化和发展。世界又将面临一种专门杀伤有生力量的新类型生物武器的威胁。

未来生物战剂发展趋势：①分子生物学和基因工程技术的迅速发展，将有可能对现有的致病微生物进行基因工程技术改造，使之具有耐药性，对环境具有更强的抵抗力，或制成对现有疫苗无免疫保护的微生物。②大量培养病毒技术的不断进步和安全防护措施的改进，将有可能促进新的病毒类生物战剂的出现。③通过对生物毒素的结构分析，将有可能人工合成类似结构的毒物，因此，有可能出现生物毒素类生物战剂。④生物活性物质系动物体内维持正常生理和心理所必需的微量低分子物质，稍有变化就能引起一系列生理或心理的改变，导致行为和心理异常，从而暂时丧失正常活动能力。这类物质将有可能通过遗传工程技术大量生产，成为一种新型生物战剂。

四、生物武器的防护

(一)物理防护

物理防护通过适当的防护用品和装备实现。在有准备和来得及的情况下，往往采用效果可靠的制式装备；在紧急情况下，也可以采用手边可得的简易用品进行防护，达到尽量避免吸入、食入和通过皮肤黏膜感染的目的。

防护装备主要指用于个人和集体避免污染的防护装备，分为个人防护装备和集体防护装备。个人防护装备，包括个人用防护面具、口罩、眼罩、手套、防护服及防护靴等用于保护口鼻、皮肤和黏膜的用品用具。集体防护装备，包括帐篷、方舱等移动式遮蔽掩体，以及用于保证一定空间封闭式建筑物和空间内环境不受生物污染的空气过滤装置以及隔离用防护门窗等。

个人防护装备用来保护呼吸道、面部、眼、手和身体其他暴露部位，防止污染的空气、液体通过吸入或经口感染，或通过皮肤、黏膜感染。呼吸道防护装备，包括生物防护口罩、防护面具等。使用者可以根据自己的情况选择适合的防护口罩及面具。防护面具还具有良好的视野。注意事项：防护面具有多种，根据性能选用。要注意更换消耗部件，按照使用说明使用，确保过滤材料在有效期内，保证防护效果。

集体防护装备是2个以上人员共同防护的装备。这种装备通过一种物理隔离措施，阻断污染进入，形成一个无污染的安全空间，保证里面的人员能够进行正常的工作、学习和生活。

防护装备使用时机。在生物污染环境中的处置人员、受袭击人员及伤病员都应使用个人防护装备。

收到警报或发现施放生物战剂时，施放点(线)下风向的人群可以选择密封程度高、通风系统有高效过滤器的建筑物进行集体防护；人数不多时也可以在上风向的密封程度高的建筑物里暂时躲避。也可选择大型工事等集体防护设施。

(二)医学防护

生物战剂种类较多，涉及微生物(细菌、立克次体、衣原体、病毒、真菌)及毒素、寄生虫等，采用疫苗抗血清接种和化学药物防治等多种方法进行综合医学防护具有重要意义。

医学防护主要包括免疫防护和药物防护，其中免疫防护又包括特异性免疫预防和非特异性免疫预防。特异性免疫预防又分为人工自动免疫和人工被动免疫。

药物防护又称为化学预防，是生物武器医学防护工作中的一项重要的应急措施。生物武器袭击后一般有一段潜伏期，不会立即发病，在这一段时间内，可以对特定人群进行药物预防或预防性治疗。药物预防的目的是根据初步判断的生物战剂病原体种类，让受到生物武器袭击的人群服用相应的药物，预防发病、降低发病率和病死率。

由于生物武器袭击的不可预测性，提高机体免疫力，是预防的关键。对于已经具有有效疫苗的生物战剂病原体，预防接种能提供较持久的保护力。目前，许多生物战剂并没有可靠安全的疫苗，但有效果可靠的抗血清。在生物武器袭击发生前或发生早期，可以通过人工被动免疫的方法达到紧急预防、减少发病和减轻病情的目的。而对于无疫苗和(或)被动免疫制剂的病原体，除应用物理防护和一般药物防护外，还可以应用非特异性的免疫制剂，以提高机体的天然免疫力，以预防或减轻感染发病，减轻危害。

疫苗接种时机。①平时，根据国家卫生部门规定和驻地流行病学情况，做好主要传染病的预防接种，如霍乱疫苗，伤寒、副伤寒甲乙三联疫苗，破伤风类毒素等。②需要时，针对生物武器袭击可能使用的生物战剂，如炭疽杆菌、鼠疫杆菌、黄热病毒以及肉毒杆菌毒素等，做好相应的基础免疫接种。③遭受生物武器袭击后，如确认使用的生物战剂为受袭人群已进行过基础免疫的，可根据需要，进行加强免疫，以迅速提高机体的免疫水平。

接种方法。皮肤划痕法和皮下注射法使用较为普遍。为了适应大量人群的疫苗接种，皮下接种可用无针注射器进行。这种方法操作简便，速度快，由2～3人组成接种小组，每小时可注射600～800人。

此外，气雾免疫法也是一种简便、快速、无痛的接种方法，而且对某些微生物的气溶胶攻击有较好的保护作用。但由于剂量不易控制，效果不太满意，可使用的疫苗种类正在研发之中。

(三)药物预防

药物预防又称为化学预防，是生物武器袭击医学防护工作中重要的应急措施。受到生物武器袭击后一般有一段潜伏期，在这一段时间内，可以对暴露人群进行药物预防，以预防发病、降低发病率和病死率。

1. 药物预防的对象

在初步判定遭受生物武器袭击，并明确污染区和疫区后，在进行调查、检验、消毒、杀虫、灭鼠和预防接种的同时，可以对特定的人群进行药物预防。药物预防的对象包括：①与生物战剂有密切接触的人员；②已吞入或吸入生物战剂，或触摸、吞食受到污染的物品、食物及饮水的人员；③污染区或疫区内，被媒介昆虫叮咬过的人员；④曾参与或将要参与救治、护理和照顾传染病人的人员；⑤可能在污染区和疫区停留的人员。这些人员一旦确定，即给予药物预防。

2. 药物预防原则

在进行群众性药物预防时，由于规模较大，可能会出现毒性反应、抗药性及双重感染等，因此必须在医务工作者的指导和监督下，有组织、有计划地进行，对用药的种类、剂量、反应及效果等应有详细的记录，以备查询。药物预防必须遵循如下原则。

一是要有针对性。服用一种抗致病微生物的药物不可能杀灭或抑制所有致病微生物，也不可能预防所有生物战剂引起的疾病。因此，药物预防必须有针对性，在初步判定生物战剂种类的情况下，对症用药。在紧急情况下可使用广谱抗菌药物进行预防。

二是注意时效性。药物预防的用药期不应拖得过长，一般控制在3～5

天，不宜超过10天。如果延长服药期或不规则地继续服药，可能引起病原体的抗药性或服药者的耐药性，从而影响预防效果；长期服药还可能引起不良反应。

三是注意抗药性或耐药性。在对生物战剂进行检验鉴定时，应做药物敏感试验。药物预防对无抗药性的生物战剂有效，但当致病微生物具有抗药性时，不应采取传统的药物预防措施，而应该进行积极的药物治疗。

四是掌握用药剂量和方式。在暴露后使用药物实际上是一种预防性治疗，所需剂量应接近治疗剂量，否则不易达到预防效果。而剂量过大既浪费药物，又可能造成难以预料的毒性反应。

在生物武器袭击已经确认而病原尚未查明时，应对易感人群及高危人群使用广谱抗生素，如多西环素或青霉素和链霉素配伍用以预防各种革兰阳性或阴性细菌的感染。为了节省药物、减少投药次数及获得长期预防效果，也可使用长效磺胺，如复方磺胺甲噁唑(复方新诺明)等。

五是注意药物的不良反应。要从药物过敏反应、直接毒性、双重感染、诱发抗药性和药理配伍禁忌等方面密切关注药物预防过程中的不良反应，避免造成不必要的损失。

六是注意用药的配伍禁忌。联合用药时，注意配伍禁忌和毒性、效能的改变。如磺胺类可使口服降糖药及肝素从血清蛋白变位而引起毒性。还要考虑药物代谢及排泄所引起的问题，如服用磺胺类时须同时服用碳酸氢钠并多饮水，以防磺胺类结晶潴留于肾小管中阻断泌尿。

总之，在进行群众性药物预防时，由于费用大，可能有毒性反应或产生抗药性及双重感染等问题。必须在医师的指导和监督下，有组织、有计划地进行，对用药的种类、剂量、反应及效果，应有详细的记录。

应该强调的是，生物武器的医学防护应该采取综合措施。如在生物战剂感染后的潜伏期内，实施预防性治疗，以预防部分人员发病或减轻损伤的严重性。对可能接触人员根据情况，免疫预防与药物预防措施联合应用，但要注意不良反应。

第三节　化学武器及其危害、防护

化学武器是指以毒剂的毒害作用杀伤有生力量的各种武器、器材的总称。包括毒剂(或毒剂前体)、装有毒剂(或毒剂前体)的弹药和装置，以及与使用这些弹药和装置直接有关的专门设备，如装有毒剂或毒剂前体的炮弹、航空炸弹、火箭弹、导弹战斗部、地雷、航空布洒器及其他毒剂释放器材。使用时借助于爆炸、加热、空气阻力等作用，将毒剂分散成蒸气、气溶胶、液滴或微粉等状态，使空气、地面、水源、物体染毒，经呼吸道、皮肤、眼、口等器官，引起人、畜中毒，以杀伤、疲惫敌方有生力量，迟滞、扰乱敌方军事行动。

一、化学武器与毒剂的分类

(一)化学武器分类

化学武器按毒剂分散方式可分为三种基本类型：①爆炸分散型化学武器。有化学炮弹、化学航空炸弹、化学地雷等，通常由弹体、毒剂、炸药、爆管和引信组成，利用炸药爆炸将毒剂分散为战斗状态。②热分散型化学武器。有装固体毒剂的化学炮弹、毒烟罐、化学手榴弹等，通常由毒剂、燃烧剂、氧化剂、发火装置及壳体组成。利用火药燃烧产生的热源或高速热气流，将毒剂蒸发或升华，形成毒剂气溶胶。③布洒器。有航空布洒器、布毒车、气溶胶发生器等，通常由毒剂容器和火药或压缩气源装置等组成。利用压源产生的压力，将容器内的液体毒剂和固体毒剂溶液经喷口喷出，造成地面和空气染毒。还有一种利用机械方法散布固体毒剂微粉，使目标地域地面和空气染毒的，称为布撒器。

化学武器按其装备对象可分为：①步兵化学武器。主要有化学枪(手)榴弹、毒烟罐、化学地雷、化学迫击炮弹和布毒车等，适合小规模和近距离攻击或设置化学障碍。②炮兵、导弹部队化学武器。主要有火炮、火箭炮的化学炮弹、化学火箭弹及导弹化学战斗部，舰用化学武器也属此类。

这类化学武器可快速实施突然、集中的化学袭击和纵深攻击。③航空兵化学武器。主要有化学航空炸弹和航空布洒器等，这类化学武器可灵活机动地实施远距离、大纵深和大规模化学袭击。

(二)外军毒剂的分类

毒剂是军事行动中以毒害作用杀伤人、畜的化学物质。是化学武器的基本组成部分，决定着化学武器的性能和使用方式。毒剂装填于各种弹药、布洒器内，以爆炸或布洒等方式被分散成液滴、蒸气(气溶胶)、微粉等状态，使空气、地面、水源和物体染毒，经呼吸道、皮肤、眼和消化系统等引起中毒，造成伤亡。对用作毒剂的化学物质，通常有以下要求：毒性大，作用快，能多途径引起中毒；能造成一定杀伤浓度或密度，并有一定的持久度；难以发现、防护、消毒和救治；性质稳定，便于贮存；原料易得，成本低廉，能大量生产。

毒剂通常按毒害作用、杀伤作用和持续时间分类：

①按毒害作用可分为五类：神经性毒剂，又称含磷毒剂，有塔崩、沙林、梭曼、维埃克斯等；糜烂性毒剂，有芥子气、路易氏剂等；全身中毒性毒剂，又称含氰毒剂，有氢氰酸、氯化氰等；窒息性毒剂，有光气等；失能性毒剂，有毕兹等。

②按杀伤作用的效果可分为致死性毒剂和非致死性毒剂。前者能使中毒者死亡，如沙林、梭曼、维埃克斯、氢氰酸、光气等；后者能使中毒者丧失战斗力，一般不会造成死亡，如毕兹等。

③按杀伤作用的速度可分为速效性毒剂和缓效性毒剂。速效性毒剂无潜伏期或潜伏期极短，能使人员迅速出现中毒症状而丧失战斗力，如沙林、梭曼、维埃克斯、氢氰酸等。其中能造成致死性杀伤的，又称速杀性毒剂。缓效性毒剂要经过较长的潜伏期才能出现中毒症状而丧失战斗力，如光气、芥子气等。

④按杀伤作用持续时间可分为暂时性毒剂和持久性毒剂。暂时性毒剂一般是沸点低、易挥发的毒剂或常温时为固体的毒剂，主要呈蒸气、气溶胶等状态，用于空气染毒，产生随风移动和迅速扩散的云团。其杀伤作用可持续数分钟至数十分钟，如沙林、氢氰酸等。持久性毒剂一般是沸点

高、挥发度小的液体毒剂，主要呈液滴状态，可用于地面染毒，其杀伤作用可持续数小时、数天，甚至数十天，如芥子气、维埃克斯等。有些毒剂的持续时间介于上述两类毒剂之间，兼有呼吸道中毒与皮肤中毒、短时间杀伤与持续性杀伤的作用，称为中等挥发度毒剂，如梭曼等。1997 年 4 月 29 日生效的《禁止化学武器公约》将上述毒剂均列入公约的化学品附件的附表中，受到禁止化学武器组织的严格禁止或监控。在化学战历史上，苯氯乙酮、亚当氏剂、西埃斯和西阿尔等刺激剂也曾作为毒剂的一类。

二、化学武器的危害特点

化学武器与常规武器比较，有以下特点：①杀伤途径多。染毒空气可经眼睛接触、呼吸道吸入和皮肤吸收使人、畜中毒，毒剂液滴可直接伤害皮肤或经皮肤渗透中毒，染毒食物、水可经消化道侵入中毒。②杀伤范围广。化学炮弹比普通炮弹的杀伤面积一般大几倍至几十倍，其毒剂云团随风传播扩散，能渗入不密闭、无滤毒设施的装甲车辆、工事和建筑物的内部，沉积、滞留于堑壕和低洼处，伤害隐蔽于其中的有生力量，具有空间伤害效应。③杀伤作用时间长。不同种类的化学武器的杀伤作用一般可持续几分钟、几小时，甚至几天、几十天。④使用选择余地大。化学武器能杀伤有生力量而不毁坏物质和设施，可根据作战需要，选用致死性或失能性、暂时性或持久性的化学武器。⑤使用效果受气象、地形条件影响较大。大风、大雨、大雪或空气对流等情况，都会严重削弱化学武器的使用效果；地面温度影响毒剂的持久度，地形对毒剂云团的传播扩散有较大影响，如高地、深谷能改变毒剂云团的传播方向，丛林和居民地能使毒剂云团发生滞留，长时间不消散。

三、全球化学武器概况

《禁止化学武器公约》(以下简称《公约》)于 1993 年 1 月 13 日开放供签署，1997 年 4 月 29 日生效，至 2019 年 12 月，共有 193 个缔约国。中国于 1997 年 4 月 25 日加入《公约》，是《公约》的原始缔约国。《公约》是第一个全面禁止、彻底销毁一整类大规模杀伤性武器并具有严格核查机制的国际军控条约，对维护国际和平与安全具有重要意义。

2017 年 9 月 27 日，俄罗斯在乌德穆尔特共和国的基兹涅尔化武设施销毁两枚装有 1 公斤化学武器的炮弹，这是原有 4 万吨化学武器战剂储备中的最后一批，整个销毁过程在全自动化的条件下运行，并通过特定屏幕全程进行展示。

按照 1997 年签署的《禁止化学武器公约》规定，缔约方各成员国应该在 2012 年销毁所有化学武器。但是美国无视规定，直到 2015 年美国才启动了销毁工作。按照美国提交的关于销毁剩余化学武器的计划，美国将在 2023 年 9 月完成其储存化学武器的销毁。

各国销毁化学武器情况如表 6-1 所示。

表 6-1　第一类化学武器的销毁情况(截至 2017 年 9 月 27 日)

缔约国	宣布毒剂数量(吨)	已销毁毒剂量(吨)	已完成销毁任务的百分比(%)
阿尔巴尼亚	15	15	100(2007 年 7 月 11 日)
韩国	601	601	100(2008 年 7 月 10 日)
印度	1 044	1 044	100(2009 年 3 月 26 日)
利比亚	26	26	100(2014 年 1 月 31 日)
叙利亚	1 060	1 060	100(2014 年 8 月 18 日)
美国	27 772	24 924	89.8(2015 年 5 月 31 日)
俄罗斯	39 975	39 975	100(2017 年 9 月 27 日)
合计	70 493	63 117	89.5(2015 年 5 月 31 日)

四、未来化学武器的发展

20 世纪 70 年代以来，有化学攻击能力的国家，其军队装备的毒剂主要是沙林、梭曼、维埃克斯、芥子气和氢氰酸等，以神经性毒剂为主。为了增强毒性和改进其使用性能，有些国家还研究了毒剂的混合使用、胶黏化、微包胶和二元化学武器等技术。随着《禁止化学武器公约》的生效，上述毒剂的生产与发展也受到严格禁止，已生产的化学武器与毒剂也要在禁止化学武器组织的监督下销毁。

然而，不包括在《禁止化学武器公约》附表中的物质未受到严格的限制。随着化学、毒物与毒理学、分子生物学等学科的发展，某些天然毒素、合成毒素、高效药物等高毒性、高活性物质的研究未完全停止。具有致死、麻痹、瘫痪、皮肤伤害、失能等作用的毒物，以及能穿透防护器材的新物质，包括神经性毒剂的分子结构相似而未列入《禁止化学武器公约》附表中的高毒性化合物，具有与已知毒剂的分子结构完全不同的新型高生物活性物质，以及具有高生理活性的天然毒素及其衍生物等，其研究动向都应受到关注。与已知毒剂相比，这些新物质具有更高的毒性或更有效的失能性，中毒机制多样化，更加难于预防、救治等特点。

随着生物技术的发展，人们有可能利用基因工程和蛋白质工程的方法来自行设计合成新的毒素即“人工毒素”，或用该技术来修饰剪接天然毒素分子，对其进行改造，使其具有原毒素的全部特征。这类超剧毒性的第三代毒剂的研究目前似乎已经到了突破的边缘，已经有了用作武器的现实可能性。这类毒剂因处于生物科学和化学科学交叉的重叠的地方，故被称为“生化毒剂”。尽管目前还不能通过生物学方法合成经典的化学战剂，但生物学途径合成有毒化学品的趋势仍备受关注。

五、化学武器的防护

(一)发现

及时确定化学武器袭击的时间、地区和毒剂种类，对正确采取防护措施有特别重要的意义。对于城市居民来说，应当注意以下几点。

1. 事先明确人防部门规定的警报信号及其含义。

2. 会识别人防专业队对毒区的标志。一般毒剂标志的背面是毒区，人员应尽量绕开毒区通过。

3. 会根据染毒症状初步判断化学武器袭击。

例如，敌机在城市上空低飞并布洒大量烟雾；敌机通过后或炸弹爆炸后，地面有大片均匀油状斑点，多数人突然闻到异常气味，或眼睛、呼吸道受到刺激；看到大量动物异常变化，如蜂、蝇飞行困难，抖动翅膀，麻雀、鸡、羊等动物中毒死亡；花草、树叶变色或枯萎；等等。总之，对于大面积同时发生的异常现象，都可怀疑是化学毒区，应及时采取防护措施，报告防化部门侦察断定。

(二)防护

防护是阻止毒剂通过各种途径与人员接触所采取的措施。听到化学武器袭击信号、发现敌人实施了化学武器袭击或进入染毒区时，都应进行防护。听到解除警报信号或得到人防部门允许后才能解除防护。防护方式主要有两种。

1. 集体防护

就是一定数量的人员利用有防护设施的人防工程进行防护。它是一种安全可靠的防护方法，也是防化学武器袭击的基本措施，因此，若条件允许应充分利用。

2. 个人防护

就是个人利用防护器材进行的防护。个人防护时，应首先迅速戴好防毒面具，保护呼吸道和眼睛，尔后视情况穿好防毒衣，戴好防毒手套进行全身防护。没有制式防护器材时，可利用身边易得的口罩(浸碱)、风镜、雨衣、皮大衣、皮(棉)手套、塑料布、雨靴等简易器材进行防护。

遭化学武器袭击后，需要通过染毒地域时，应在个人防护的基础上，携带必要的生活用品，选择上风方向地质坚硬、干燥、遮拦植物少的道路，尽量避开弹坑和明显液滴的地方，拉开距离快速通过，减少在染毒区域内的停留时间，严禁在毒区内随便吃、喝、坐、卧等。通过染毒区后，应背风而立，将器材、物品放置下风方向2～4步处。先脱去防毒衣、斗篷或雨衣，将染毒面向内折叠好放在器材、物品一侧。然后脱去一只手套，取出消毒液，再戴好手套对被沾染的衣服、器材、物品等进行消毒。再脱去防毒靴套，解除包裹腿脚的材料及防毒手套，最后取下防毒面具。

注意，应将已消毒的物品放在上风清洁位置，未消毒的物品放在下风位置，将无法消毒或消毒不彻底的器材堆放在一起，统一处理。

(三)消毒

使毒剂失去毒害作用的措施叫消毒。

1. 对人员消毒

当毒剂液滴落到人员身体上时，应立即脱去染毒衣服或撕去染毒部分，用棉花或干净土块吸去皮肤上的毒剂液滴（吸擦时应防止扩大染毒面积），然后用棉球蘸专门的消毒药液擦拭消毒，或用小苏打水、肥皂水或大量清洁水冲洗。消毒越及时，效果越好。

2. 对染毒服装的消毒

在远离居住区的下风方向，用热碱水煮沸 1～2 小时即可消毒。

3. 对染毒食物的消毒

对有包装的罐头类食品，只需对表面消毒后就可食用。对没有包装的食品，一般应销毁。

4. 对染毒水消毒

往水中加入适量的漂白粉和混凝剂，然后搅拌，待沉淀后过滤。用明矾沉淀或长时间煮沸，也可起到消毒作用。无论用哪种方法消毒，都必须经检验后才可饮用。

（四）急救

急救是对中毒人员采取的紧急救护措施。

1. 急救的原则：①首先自救，然后互救；②先重后轻，先急后缓；③迅速及时，对症用药。

2. 一般常用急救药品和使用条件：当没有专门急救药品时，可用曼陀罗之类的中草药或针灸方法对含磷毒剂中毒人员进行急救。对误食染毒食品者，除急救外，还可尽快喝些甘草水、豆浆、豆汤等。

3. 解磷针的构造和使用：①将针头刺入肌肉；②在标志外捏破塑料管里的安瓿细颈药液自动注入肌肉。

解磷针内装有抗毒药，能对抗神经性毒剂及有机磷农药，可供自救、互救时使用。

使用时，首先取下护针帽，用拇、食、中三指持针头底部，迅速将针头垂直向下插入中毒者肌肉发达部位（如臀部外侧、大腿、上臂三角肌等），深约 2 厘米。用拇、食、中三指折断安瓿细颈画线处，药液即自动注入肌肉。待药液刚好流尽时，迅速拔出针头。紧急情况下，可省去消毒手续而隔衣注射，以免延误时机。

六、对化学事故的防护

(一)化学工业主要毒物

随着化学工业的迅速发展，化工生产中的有毒有害物品也在增多。通常将有毒有害物质分为两大类：一类是无机毒物，如砷及砷化物、汞、铅、氟、硫、磷的化合物及氮氧化物、氰化物等；另一类是有机毒物，如有机农药、苯、苯胺等。这些有毒物质能通过呼吸道、消化道或皮肤渗透侵入人体，破坏人体生理机能，导致中毒。

突发性化学事故的特点。

1. 突然性。化学事故的发生往往出乎人们意料，在意想不到的时间地点发生，造成救援工作不能顺利开展，混乱局面在相当长的时间内得不到控制，容易造成本来可以避免的损失。

2. 以毒性作用伤害人员，污染环境。

3. 扩散迅速，受害范围广。

4. 持续时间长，社会涉及面宽。

5. 影响大。一旦发生化学事故，会造成大量人员伤亡和国家财产的损失，将会给政治、经济、文化交流等带来严重后果，给国家的声誉带来不良影响，甚至在国际上产生强烈反响。

(二)防护与急救

对化学事故的防护、消毒和急救，均可应用与防化学武器袭击相类似的方法和手段。

1. 防护常识

了解自己所使用的化学危险品的特性，不盲目操作，不违章使用。

妥善保管好单位或家庭使用的化学危险品。如标签完整，密封保存；避光避热，远离火种；居室内不要存放农药和化学毒品；避免幼童接触，防止误食。

乘坐车船、飞机时，不携带化学危险品。

2. 防护措施

一旦发生化学事故，就要迅速采用各种器材保护自己。可以用防毒面具、湿口罩、湿毛巾等保护呼吸道；用雨衣、手套、雨靴等保护皮肤；用防毒眼镜、游泳潜水眼镜、开口透明塑料袋等保护眼睛。

不到事故现场围观，而应迅速向侧风、上风方向安全地区转移。有条件的可进入有滤毒通风设施的人防工事。

来不及撤离时，应在结构较好的建筑物内，关闭门窗、通风机、空调机，堵住明显的缝隙，尽可能躲在背风、无门窗的地方，同时用电话等方式向外发出求救信号。

离开染毒区后要脱去污染衣物，及时进行洗消，必要时应去医院进行检查。

3. 急救

尽快将中毒者撤离中毒环境，移至新鲜空气处，松开衣扣和腰带，注意保暖。

进入有毒环境的急救人员须进行自身防护，重点防护眼睛、呼吸道和四肢皮肤，将中毒者迅速转移到侧风、上风方向安全区施救。

消除口腔异物，维持呼吸道畅通，注意及时送医院治疗。护送去医院就诊时，应注意将中毒者的头偏向一边，以免呕吐物呛入气管。

脱去污染衣服，用清水或温水冲洗皮肤。碱性毒物可用2%～7%醋酸或柠檬酸溶液冲洗；酸性毒物可用3%～5%碳酸氢钠溶液冲洗。

毒物经口进入消化道时，若中毒者神志清醒，可刺激咽部及舌根部引吐。为保护胃黏膜，可服用牛奶、蛋清、米汤等。

发现呼吸衰竭者，立即给氧，保护呼吸道通畅；对呼吸骤停者，应立即进行人工呼吸；发现心脏骤停时，应立即进行胸外心脏按压。

第七章　信息化战争典型战例学习与研究

第一节　信息化战争概述

一、信息化战争的含义

信息化战争，是依托信息系统，运用信息化武器装备及相应作战方法，在陆、海、空、天、电、网等多维空间和认知领域进行的以体系对抗为主要形式的战争，是信息时代战争的基本形态。

信息化战争是信息时代战争发展的必然结果，它是信息社会中信息对物质和能量的重要制约作用在军事领域和战争舞台上的必然反映。其主要特征如下：一是信息技术大量使用，信息在战争中具有广泛渗透性，战争的各种力量和各个环节都对信息具有极大依赖性；二是武器装备信息化，信息技术与能量相结合，形成信息化武器装备系统，包括各种作战平台和导弹系统；三是战场信息网络化，即在信息技术大量使用和武器系统信息化的基础上，实现战场信息网络化，信息的获取、传递、处理三大系统联结为网络，整体地协调工作；四是全时空的制信息权斗争，“制信息权”是影响信息化战争进程和结局的关键，是掌握信息化战场主动权的前提，也是信息化作战体系之间对抗的核心；五是 C^4ISR 系统成为主要作战目标，作战双方都力图集中主要作战力量、使用各种作战手段，压制、削弱、破坏和摧毁敌人的 C^4ISR 系统，同时有效地保护己方的 C^4ISR 系统。

总的来说，在信息化战争中，信息资源成为战争的核心资源，它对兵力兵器的运用和作战效能的发挥具有极强的制约作用，有效地掌握、控制和利用信息，就会使部队和武器装备的作战效能得到倍增；相反，就会使部队和武器装备的作战效能锐减，甚至导致最终失败。

二、信息化战争与信息作战、信息战的区分

信息化战争、信息作战和信息战三个概念，既有相同点也有不同点，其相同点：一是三者产生的基础相同，都是在信息技术高度发展并且广泛应用的基础上产生的；二是三者的作战手段相同，都是以信息、信息系统和信息化武器为作战手段；三是作战领域相同，都是在信息领域展开的作战行动。不同点在于：一是作战属性不同。信息化战争是人类战争发展史上新出现的一种战争形态，信息战是战争形态演变过程中产生的一种新的作战形式，而信息作战则是一种作战行动，是信息战在战场上的实践活动。二是运用范畴不同。信息化战争的运用范畴是战争整体，信息战的运用范畴是全社会的信息领域，信息作战的运用范畴是战场作战的全过程。三是作战的目的不同。信息化战争的最终目的是控制敌方国家、实现国家意志，而信息战和信息作战的目的是争夺信息优势，为取得战场作战的胜利创造制胜条件。四是产生的条件不同。在军事信息化的初期，战争中处于从属地位的信息战和信息作战就应运而生。20 世纪 90 年代以来发生的局部战争，在电子战的基础上孕育并产生信息战和信息作战，并逐步发展为与火力战并驾齐驱的作战形式和作战行动。当军事信息化高度发展，军队力量的构成以信息化军队为主，作战手段以信息武器和信息化武器为主，信息战成为主导战争进程和结局的决定性作战形式时，战争形态则发生质的变化，由机械化战争转化为信息化战争。

第二节　信息化战争的力量构成

信息化战争的力量构成，可以从不同角度加以区分。按专业任务，可区分为电子对抗力量、网络对抗力量、心理战力量；按层次，可区分为战略力量、战役力量和战术力量；按作用机理，可区分为软杀伤力量与硬杀

伤力量；按隶属关系，可区分为总部直属力量、陆军力量、海军力量、空军力量、火箭军力量、战略支援部队力量。以下按作战手段平台性质介绍信息化战争的力量构成。

一、地面信息化战争力量

地面信息化战争力量，是指以陆基平台为主构成的信息化战争力量，在现阶段是信息化战争的基本力量和骨干力量，是总部直属和各军兵种所属信息化战争力量的重要组成部分。

地面信息化战争力量主要装备各型固定式、车载式、便携式和投掷式信息化战争装备。固定式信息化战争装备一般配备有多种不同型号的大功率干扰设备，可进行远距离的电子干扰。车载式信息化战争装备，干扰功率较大，多半兼有杂波式干扰和欺骗式干扰两种工作方式，具有机动灵活、可随部队跟进、干扰方式多样、干扰范围较大等特点，可执行战役和战术的信息化战争任务，如图 7-1。便携式信息化战争装备，可由单兵携带和操纵，多半功率较小，干扰作用距离不大，干扰方式也比较单一，主要执行战术信息化战争任务。投掷式信息化战争装备是一种干扰功率较小、设备简单、用投掷或布放的方法设置在敌方雷达和通信电台附近的一次性的小型干扰设备。

图 7-1　我军某型车载式信息化战争装备

地面信息化战争力量，在作战中可能担负的主要任务是：在其他信息化战争力量的支援下，对敌电子信息系统实施电子进攻，夺取战场局部制信息权；在其他信息化战争力量的支援下，对敌空间电子信息系统实施干扰，为联合作战创造条件；遂行电子防空作战任务，支援配合其他军兵种实施联合防空；在其他信息化战争力量的配合下，实施陆上电子进攻，支援地面作战、濒陆海区作战。

二、海上信息化战争力量

海上信息化战争力量主要是指以海军舰载信息化战争装备为主遂行海上信息化战争任务的力量。包括海上信息化战争侦察力量和信息进攻力量。海上信息化战争侦察力量主要包括海军电子侦察船及部分担负水声侦察任务的舰艇等。海上信息进攻力量以自卫式信息进攻力量为主，在各型主战水面舰艇、潜艇上都配备有雷达干扰、光电干扰、通信干扰、水声干扰等电子干扰设备。

舰载电子战系统，主要由电子对抗侦察部分和电子干扰部分组成，使其能在宽的频率范围内对付各种雷达威胁，系统本身具有有源干扰能力，能同时干扰多部雷达，并通过告警、识别，可测定雷达制导的反舰导弹的方向，可用来防御其攻击，如图 7-2。舰用雷达对抗设备可望在处理机速度、信号分选能力、侦察与干扰的综合一体化能力、多目标同时对抗能力以及设备的小型化和模块化等方面获得不同程度的改善和提高。海上光电对抗设备，用于干扰空空导弹和地空导弹，并可对海战场上的光电威胁源实施探测与告警，一方面用于舰艇、飞机等武器平台实施战术规避，

图 7-2　美军 SLQ-32 舰载电子战系统

提高战场生存能力与空防能力，另一方面为各类光电对抗装备实施干扰提供必要的目标参数，使得飞机、舰艇等主战武器平台面对光电制导武器时的战损率大幅度下降。

海上信息化战争力量，可能担负的主要任务是：在其他信息进攻力量的支援下，实施海上信息进攻，支援夺取局部制海权和实施海上作战；实施自卫电子干扰，与其他手段一起对抗敌反舰、反潜精确制导武器；支援配合空中信息化战争力量、地面信息化战争力量，实施濒海陆地电子进攻，支援登陆作战、濒海地区防卫作战等。

三、空中信息化战争力量

空中信息化战争力量是信息化战争的重要力量，具有作用距离远、机动性强、电子攻击效果好的优势。随着我军信息化战争装备、力量的不断发展，空中信息化战争力量将成为信息化战争的骨干力量。

空中信息化战争力量主要包括空军航空侦察干扰力量、陆军集团军属电子对抗无人机和直升机力量，总部直属电子对抗无人机力量，装备专用电子对抗飞机、电子对抗无人机和电子对抗直升机；以及空军、海军各航空兵部队(分队)机载自卫电子对抗设备，主要包括机载干扰吊舱、机载自卫干扰设备、机载反辐射导弹等，见图 7-3 和图 7-4。

图 7-3　加挂电子干扰吊舱的“飞豹”战机

图 7-4 美军 EA-18G 电子战飞机上的 ALQ-99 电子干扰吊舱

空中信息化战争力量，可能担负的主要任务是：单独或在其他信息化战争力量的支援配合下，组织实施空中进攻作战、防空作战信息进攻；以信息进攻手段支援空降作战和特种作战；协同地面电子进攻力量实施陆（岛）上信息化战争；协同海上信息化战争力量夺取海上制电磁权，支援海上作战和岛屿攻防作战。

四、空间信息化战争力量

空间信息化战争力量主要是指由各种空间平台为运载工具的信息化战争装备组成的信息化战争力量。如利用电子侦察卫星（见图 7-5）、预警卫星，通过获取情报、远距离通信和战场导航定位，已经成为信息化条件下局部战争中直接支持战场作战行动的重要支援保障力量。

图 7-5 美国“长曲棍球（Lacrosse）”侦察卫星

第三节　现代战争典型战例分析

一、海湾战争

海湾战争是美军自越南战争后主导参加的第一场高度现代化的大规模局部战争，对冷战后国际新秩序的建立产生深刻影响。

(一)战争起因

1990 年 8 月 2 日凌晨 2 时(巴格达时间)，伊拉克在动员 14 个师(总兵力约 10 万人)的基础上，以 5 个师的地面精锐部队，在空军支援和海军配合下，越过伊科边界向科威特发动突袭，于当天下午占领科威特全境。伊拉克宣布执政的萨巴赫家族被推翻，科威特"临时政府"成立，随后宣布科、伊合并，科威特成为伊拉克的"第 19 个省"，从而引发海湾危机。

伊拉克对科威特的非法侵占，严重违反联合国宪章，也触碰到美国及其盟国的利益。1990 年 8 月 2 日至 11 月 29 日，联合国安理会先后做出 12 个有关对伊拉克谴责和制裁的决议。其中，678 号决议还授权联合国成员国，如果 1991 年 1 月 15 日前伊军不从科威特撤军，可使用"一切必要的手段"执行联合国安理会通过的各项决议。

美国等西方国家从自身战略利益出发，以联合国决议为依据，迅速组建起反伊军事联盟，并带头对伊实行外交、政治和经济制裁，同时迅速大规模出兵海湾，从而在海湾地区引发一场局部战争。

(二)战争意图

1. 以美国为首的联军战争意图

瓦解萨达姆政权，沉重打击伊拉克的政治、军事和经济实力，迫使伊拉克从科威特撤军，恢复科威特合法政府，制止伊拉克在中东地区的霸权主义，以维护美国及其盟国在中东地区的石油利益和战略利益。

2. 伊拉克的战争意图

持久坚守，消耗对方，以拖待变，以撤求存，守住科威特，控制海湾地区的石油资源，谋求中东地区的霸权。

(三)战争准备和兵力部署

1. 联军的战争准备和兵力部署

联军的战争准备：1990 年 8 月 7 日，美国总统布什下达在海湾部署作战部队的命令后，联军开始实施代号为“沙漠盾牌”的行动，大规模向海湾地区出兵。美军第 101 空中突击师、第 24 机械化步兵师、第 1 骑兵师等地面部队，以及包括 5 艘航空母舰在内的百余艘各型舰船，包括最新型 F-117 隐形战斗机在内的千余架各种飞机作为第一批作战力量，于 10 月底基本部署完毕。11 月 8 日，美国总统布什又宣布从世界各地抽调部队增加海湾地区的军事力量。驻德国的美第 7 军参谋部，第 1、3 装甲师，第 2 装甲师 1 个旅，第 2 装甲骑兵团，驻美本土的第 1 机械化师，第 2 海军陆战旅，第 5 海军陆战旅等部队也陆续抵达海湾地区。同时，英、法以及阿拉伯国家军队也不断进驻沙特阿拉伯。

联军的兵力部署：参加联军的国家共 39 个，总兵力约 76 万人。联军以装甲步兵为主组成第一梯队，部署在距科沙、伊沙边界 10～80 千米处；以美国地面部队主力为主组成第二梯队，部署在距科沙、伊沙边界约 100～150 千米处；以美国轻型部队组成第三梯队。主要武器装备坦克 4 300 余辆、火炮 2 300 余门、飞机 2 000 多架、舰船 248 艘。

2. 伊拉克的战争准备和兵力部署

伊拉克的战争准备：伊拉克为了使占领科威特成为最终现实，加紧进行战争准备，调集大量工程力量沿科沙边境构筑由野战工事、沙堤、雷场、障碍物等组成的坚固防御阵地。同时，在国内进行战争动员，增编 24 个师。到 1990 年 12 月，伊军已经在 3 条防线上部署 50 多万兵力，并将 36 个苏制“飞毛腿”导弹发射架运进科威特，做好与联军进行战争的准备。

伊拉克的兵力部署：伊拉克总兵力约 120 万人。将地面部队分成 5 大部分：在科威特战区(包括伊南部和科威特)部署 43 个师约 55 万人；在北部战区部署 18 个师，主要防御联军在土耳其开辟第二战场；在巴格达战区部署 5 个师(旅)，主要负责守卫首都；在西部战区部署 4 个师，主要负责巴格达以西广大地区的安全；在中部战区部署 3 个师，主要配置在与伊朗接壤的边境地区。主要武器装备坦克约 5 600 辆、火炮约 6 000 门、飞机约 770 架、舰艇约 60 艘。

(四)战争经过

1. 空袭阶段(1 月 17 日—2 月 23 日，历时 38 天)

1991 年 1 月 17 日，时任美国总统布什命令联军采取代号为“沙漠风暴”的作战行动，对侵占科威特的伊军和伊拉克本土实施大规模空袭。在整个空袭过程中，以美国为首的联军共出动作战飞机约 10.7 万架次，投弹量达数十万吨，发射巡航导弹 288 枚。对伊军通信枢纽、指挥中心、情报系统、机场、桥梁、核化武器基地等重要目标以及伊军主力共和国卫队实施连续猛烈的袭击。通过 38 天空袭，切断伊拉克北部和南部的联系，阻止伊军向科威特战区增援和提供后勤保障，孤立科威特境内的伊军部队。同时夺取制空权，削弱前线伊军的战斗力，使伊军一线部队的实力下降 50% 以上，为地面作战创造出条件。

在空袭阶段，伊军作战飞机每天只出动不足 100 架次。同时利用地下工事掩体，采取疏散深藏的办法保存实力，设置假目标欺骗对方。另外，伊军还向沙特和以色列发射近百枚“飞毛腿”导弹，伊军尤其想把以色列拖进这场战争，从而使中东地区形势复杂化。伊军在空袭作战中所采取的措施和企图，在以美国为首的联军的强大空袭之下，效果不佳。

2. 地面作战阶段(2 月 24—28 日，历时 4 天)

2 月 24 日凌晨，以美国为首的联军在强大空中火力和海军舰炮火力的支援下，首先在科沙边境发起地面进攻，开始代号为“沙漠军刀”的地面作战行动。

在地面作战过程中，由美军 2 个海军陆战队和阿拉伯联合部队南北特遣队组成的正面进攻部队，分多路全面突破伊拉克在沙、科边境的防线，并向科威特城推进；由美军主力第 7 机械化军及英军第 1 装甲师组成的主攻部队，由伊、科、沙三国边界汇合处由南向北发起猛烈进攻，直指部署在伊、科边境地区的伊拉克共和国卫队；由美军第 18 空降师及法军第 6 装甲师组成的纵深作战部队，快速向伊实施纵深机动作战，对伊拉克巴士拉附近地区进行纵深攻击，切断伊军退路，从而对在科威特战区的伊拉克共和国卫队实施分割包围，最后一举全歼。

经过 100 余小时的地面作战，联军歼灭或打垮伊拉克在科威特战区的 36 个师，达到消灭伊拉克共和国卫队和把伊拉克军队赶出科威特的作战目的。28 日下午联军奉命全面停止进攻性作战行动，海湾战争结束。

(五)战争启示

1. 现代战争消耗量剧增，对国家经济实力提出新要求

海湾战争是二战以来投入高技术武器装备最多、技术水平最高的一场局部战争。据不完全统计，战争中仅联军首次使用的高技术武器装备就达百余种，如精确制导武器、各种军用卫星、电子战武器、隐形作战飞机、先进的夜视仪器材、C^3I 系统和全球定位系统等。高技术武器装备的大量使用，给战争带来高投入、高消耗。据报道，联军在海湾战争中投入的武器装备总价值达 1 020 亿美元。42 天的海湾战争，联军耗资 610 亿美元，平均每天耗资 14.5 亿美元。另外，战争使科威特遭到各种经济损失 600 亿美元，重建需 700 亿～1 000 亿美元。伊拉克损失达 2 000 亿美元。战争的高投入、高消耗对国家经济实力提出新的更高要求。没有雄厚的经济实力，就很难打赢一场现代化局部战争。

2. 新型武器装备的大量使用，对作战理论研究提出新要求

海湾战争是高技术武器装备的试验场。由于这些新型武器装备在战争中的运用，战争中出现一些新的作战方法，如联军对伊拉克的战略目标和军事目标实施精确打击，在整个战争中空中打击的作用和效果更加突出和明显，C^3I 系统在作战指挥中发挥重要作用，美军验证和实施“空地一体战”作战理论。同时，新型武器装备的大量使用，对战争的决策者、指挥员提出新要求，对战争的作战方式和进程将产生新影响。这告诉我们，随着科技的发展，在未来战争中还将有更多的新型武器装备运用在战场上。因此，我们一定要加强对新作战理论的研究，为打赢局部战争创造条件。

3. 国际战略格局的调整变化，对处理周边安全环境提出新要求

海湾战争的导火索是伊拉克入侵科威特，伊拉克入侵科威特的原因之一是伊、科在边界上有矛盾和有历史遗留问题，这些矛盾和历史遗留问题长期得不到解决，直至发展到军事行动。美国介入海湾战争是为了维护自

己在中东地区的政治、经济利益。这告诉我们，周边国家之间的矛盾升级和国与国之间的利益冲突是引发局部地区的武装冲突或战争的主要动因。目前，新的国际战略格局还处在调整时期，国与国之间在利益上的某些矛盾和一些历史争端将更加复杂、多变，引发地区性武装冲突的可能性在增加。同时，我国与周边某些国家还存在边界和海洋权益争议。我们一定要认清国际形势的新变化，沉着冷静地对待和处理可能出现的各种严峻局势，妥善处理边界争议和历史遗留问题。

4. 战区战场建设和边防建设要常抓不懈

海湾战争中，在以美国为首的联军对伊拉克大规模持续空袭下，伊拉克依然保全部分作战飞机、导弹发射装置、指挥和通信设施，尤其是基本保存地面部队的有生力量，这些战果的取得归功于伊拉克多年持续进行战备设施和国防工程建设。特别是在海湾危机爆发后不到半年时间里，伊拉克入侵科威特的部队紧急修筑大批坚固防御工事和掩体，在一定程度上削弱了联军空袭效果。这告诉我们，要增强我国战争的威慑能力和实战能力，就必须要重视和加强战区战场和边防建设，并要坚持长期不懈努力，特别是重点方向和敏感地区的战场和边防建设。

二、科索沃战争

科索沃战争是一场完全由空中力量主宰的战争。这场战争虽然持续了78天，但战争结束后却“和而不平”。

(一)战争起因

科索沃是南斯拉夫联盟(1992—2003年存在，2003年改名为塞黑，2006年塞尔维亚和黑山分别独立，从而解体)南部的一个省，其居民90%以上是阿尔巴尼亚族人，塞尔维亚族人占比不到10%。科索沃地区由于漫长的历史变迁和人口迁徙等原因，一直以来都是民族矛盾和宗教矛盾异常复杂的地区，为科索沃的动荡和冲突埋下隐患。

1998年9月，南联盟政府为了维护国家主权，开始对科索沃阿族非法武装实施全面进攻，重创“科索沃解放军”，使其失去大部分控制区和武器弹药，阿族非法武装则大肆开展恐怖袭击，由此引起科索沃危机。科索沃危机爆发后，北约出于扩张需要，立即插手科索沃危机，一方面，在政治、经济和军事等各个方面向南联盟施压，甚至以武力进行威胁和恫吓，并积极部署军事打击力量；另一方面，在政治和舆论上继续偏袒和支持阿族分裂主义者。1999年3月23日，南联盟代表与科索沃阿族代表之间的朗布依埃谈判彻底破裂。同日，在没有联合国授权的情况下，北约秘书长索拉纳下达对南联盟进行空袭的命令，科索沃战争正式爆发。

(二)战争意图

1. 北约的战争意图

北约制定“以空制陆，迫南就范，必要时实施地面作战，力争速战速决”的作战方针，企图通过猛烈空中打击，并在外交围剿、经济制裁和心理战攻势的配合下，削弱乃至摧毁南联盟的作战能力、战争潜力和抵抗意志，迫使南联盟接受北约提出的和谈条件。

2. 南联盟的战争意图

南联盟制定“全民抗敌，打藏结合，长期作战，以拖待变”的作战方针，动员全民力量，充分利用战场建设完备和地理条件的优势，采取有效的防护措施，最大限度地保存实力，以英勇顽强的精神和灵活战法，粉碎北约速战速决的意图，维护对科索沃的主权和国家统一。

(三)战争准备和兵力部署

1. 北约的战争准备和兵力部署

北约的战争准备：在战前的一年里一直进行着战争准备，收集南联盟和科索沃地区的军事情报，制订对南的作战计划，将大量军事力量集结于地中海地区的有关国家，并进行有针对性的演练。建立集中统一的作战指挥体系，此次军事行动由北约秘书长索拉纳直接策划，由北约欧洲盟军最高司令兼美军驻欧洲部队总司令克拉克直接指挥。同时，为使对南联盟的空袭顺利实施，北约对空袭指挥责任进行分工，由北约欧洲盟军最高参谋部统一指挥空袭行动。

北约的兵力部署：北约19个成员国有13个国家参战，6个国家提供后勤支援，共投入各型作战飞机496架和1艘航母在内的15艘战舰，分别部署在美国怀特曼空军基地，英国费尔福德空军基地，德国拉姆施泰因空军基地，意大利切尔维亚、阿维亚诺等空军基地，西班牙莫隆空军基地和荷兰艾因德霍芬空军基地。

2. 南联盟的战争准备和兵力部署

南联盟的战争准备：改善部队武器装备，使之技术水平有较大提高；加强军事力量和战场建设，使预备役人员达到40万人以上，构筑大量假阵地和假目标，作战指挥通信线路实现地下化、复合化，特别是建立完善的防空系统，地下防空工事可容纳70%的人口；将全国划分为3个防空区，并对防空力量进行明确分工；调整兵力部署，有针对性地部署防空力量，对重要目标、作战部队、防空导弹系统等设施进行疏散隐蔽和伪装。

南联盟的兵力部署：南军现役兵力约11.4万人。其中陆军约9万人，编成3个集团军；海军约7 500人，编成1个舰队及若干支援部队；空军防空军1.67万人，编成2个军(空军、防空军各1个)；预备役部队约40万人，编成75个旅。空军、防空军实施要地防空任务，海军担负近海防御任务，陆军防空部队实施野战防空任务。

(四)战争经过

1999年3月24日19时50分(南联盟当地时间)，美军第一枚“战斧”式巡航导弹从部署在亚得里亚海上的“冈萨雷斯”号驱逐舰上发射升空，由此拉开持续78天的空袭序幕。根据北约的空袭进程，科索沃战争大致分为4个阶段。

1. 第一阶段(3月24—27日，历时4天)

北约：基本夺取制电磁权和制空权

1999年3月24日19时55分(南联盟当地时间)，北约发起首轮空袭，对南军的防空导弹基地、雷达站、机场、指挥控制中心和通信系统等军事目标实施重点打击，进行4轮空袭，出动包括EA-6B和EC-130等电子战飞机，以及B-2A、F-117A隐形轰炸机等1 300余架次，发射各型巡航导弹300余枚，使用的精确制导武器比例高达98%，摧毁南联盟各地的雷达站和发电站等目标，使南军的指挥与控制中心、对外无线电通信和雷达等电子设备瘫痪，丧失效能，基本夺取制电磁权和制空权，但并未完全达到作战目的。

南联盟：奋力抗击敌人

南联盟军民在米洛舍维奇政府的领导下，立即进行全民战争动员，采取积极防御措施。在 24 日和 26 日两次起飞米格-29 战斗机迎战，但由于双方力量相差悬殊，南军战机无力与敌机抗衡，损失严重，先后有 5 架先进的米格-29 型飞机被击落。但在 27 日南军使用米波雷达发现一架 F-117A，并最终使用萨姆-3 型防空导弹把它击落。F-117A 是世界上第一种隐形战斗轰炸机。这是该型号飞机自问世以来首次被击落，极大地鼓舞了南联盟军民的士气，也使北约大为震惊。在这次空袭中，南军防空设施虽受到严重破坏，但指挥系统仍在运转，南军通过机动防空等方式保存有生力量和战争潜力。

2. 第二阶段(3 月 28 日—4 月 4 日，历时 8 天)

北约：重点空袭南防空系统和其他军事目标

3 月 28 日下午，部署在亚得里亚海的美国战舰首先向南联盟黑山共和国的波德戈里察地区的军用机场发射两枚巡航导弹，进而开始第二阶段的作战行动。北约在继续使用巡航导弹突袭防守严密的关键目标的同时，美国的 A-10 攻击机和法国的幻影-2000 战斗机首次投入空袭作战。

随着天气好转，北约扩大空袭规模，将由过去的间歇式空袭改为 24 小时的不间断空袭。空袭除主要针对南军防空系统和其他军事目标外，空袭范围扩大到南联盟各类基础设施，如桥梁、教堂、学校、炼油厂、油库等，并加大对南联盟各类基础设施的打击力度。同时，阿族武装“科索沃解放军”也配合北约向南军发动进攻。在此阶段作战中，北约虽然给南联盟造成了巨大损失，但由于南联盟军民的抗战意志十分坚强，北约原计划数日内用军事手段解决科索沃危机的意图没能实现，被迫向战区增派兵力，其中包括一个航母编队和 B-1B 战略轰炸机在内的 130 多架作战飞机(含 75 架航母舰载机)开赴战区。

南联盟：调整作战方针，坚持持久作战

面对北约空袭强度的进一步增大，南军迅速调整作战方针，采取保存自己、持久作战的方法。南联盟开始将飞机、坦克、火炮等重型武器装备隐藏在战备工程和防空设施里，部队分散部署，并利用设置假目标、假阵地，造成北约判断失误和消耗弹药，有效地保存实力。另外，坚决对阿族“科索沃解放军”的武装骚扰进行剿灭，粉碎北约和阿族“科索沃解放军”两面夹击的阴谋。同时，南联盟积极开展政治、外交活动，争取外援和世界舆论的同情和支持。

3. 第三阶段(4 月 5 日—5 月 27 日，历时 53 天)

北约：扩大空袭规模

北约经过前两个阶段的空袭没能实现预期作战目标，由此加大空袭力度，以尽快实现其作战意图，继续向战区增派兵力，使部署在亚得里亚海域的作战舰艇达 40 多艘，参战飞机达 1 100 多架。这一阶段空袭作战过程中，每天基本都是 24 小时不间断轰炸，几乎每天出动飞机都在 500 多架次以上，并且还使用贫铀弹等特种炸弹。打击的范围不仅局限于军事目标，而且扩大到民用目标。经过这一阶段的空袭，南联盟的基础设施和生产设施遭到巨大毁伤。此外，北约广泛应用心理战、电子战、情报战以及特种作战手段，同时，还加大经济制裁，对南联盟进行总体战，震撼南联盟军民的心理，南联盟的战争潜力大大削弱，动摇南联盟领导的战争意志和决心。

当地时间 5 月 7 日晚，北约竟悍然使用 5 枚精确制导炸弹，从不同角度袭击中国驻南联盟大使馆，造成 3 人死亡，20 多人受伤，并严重毁坏中国大使馆馆舍，制造出一起震惊全世界的血腥惨案。美国军方的解释是：目标定位有误，特别是使用的地图有误，此举遭到包括中国在内的世界各国的强烈谴责。

南联盟：继续顽强抗击

在这一阶段空袭中，南联盟在整体防空系统遭到严重破坏的情况下，仍能依靠小规模的防空游击群打击空中之敌，共击落北约飞机(含无人机)16 架。南联盟虽竭力抗战，却难以扭转战争态势，面临的形势越来越严峻，不仅在北约空袭下损失惨重，而且外援无门，周边安全环境恶化，几乎所有邻国都站到北约一边，同时国内也出现悲观情绪。因此，南联盟政府不得不正视严峻形势，在继续抗战的同时，积极寻求其他途径尽快结束战争。

4. 第四阶段(5 月 28 日—6 月 10 日，历时 14 天)

北约：以打促谈，继续保持猛烈空袭势头

北约以配合谈判，确保在取得战后主导权的同时，最大限度地削弱南联盟的作战实力和战争潜力。为此，从 5 月 28 日起，北约每天保持出动飞机 400～600 架次，最多时出动飞机 792 架次，继续保持对南联盟高强度的空袭，摧毁南军几十处军事目标及桥梁、电厂等基础设施，致使多个城市断电停水。为配合北约与南联盟 6 月 5 日举行的谈判，从 6 月 4 日起北约缩小空袭范围，主要集中打击科索沃境内的南军地面部队、警察部队、重型武器装备、防空阵地、机场等军事目标。同时，北约提出，如果南联盟在未来 3 周内仍不接受北约提出的条件，将考虑实施地面作战。

南联盟：难以继续抵抗，决定有条件接受北约和谈条件

在北约军事和政治的重压下，南联盟难以继续抵抗。同时，为了避免国家遭受更大损失，稳定国内局势，南联盟最终决定接受八国集团就解决科索沃问题达成的协议，与北约举行停战谈判。经过四轮谈判，双方就南军撤离科索沃的安排达成协议。6 月 10 日，南军按照撤军协议开始大规模撤离科索沃。当晚，北约宣布暂时停止对南联盟的军事打击，结束了 78 天的科索沃战争。6 月 20 日，北约秘书长索拉纳宣布，正式结束对南联盟的空袭行动。

(五)战争启示

1. 以劣胜优在信息化条件下作战中仍有较强生命力，要树立以现有装备打赢敌人的信心

科索沃战争是一场交战双方力量强弱悬殊的局部战争。它是以美国为首的北约 19 个成员国组成的军事联盟发起的对南联盟的军事打击行动。北约共动用海军舰艇 55 艘，投入各型飞机 1 200 架，发射、投掷各型导弹和炸弹 2.3 万余枚，经过 78 天的高强度空袭，使得南联盟的主要生产能力下降 2/3，炼油能力全部丧失，炸毁或严重损坏南联盟 41％的军用油库和 75％的军民两用油库。南联盟的现役兵力共 11.4 万人，军事力量是北约的 1/39，综合力量是北约的 1/696，以如此悬殊的力量抗击强大的北约，北约也深信“两个晚上空袭足以解决问题”。但是，南联盟人民的顽强抵抗使

战争足足持续了78天。

在这场以弱抗强的较量中，南联盟人民以灵活机动的战略战术，不畏强敌，顽强抗击，英勇作战，取得一定战果，特别是在连续高强度的空中打击下，南军创造出“保存自己”的奇迹。即战争结束后，驻扎在科索沃的南联盟第3集团军47 000人，军容严整，机械化装备基本齐全，撤出行动有序，根本不像溃败之军。另外，南联盟驻科索沃部队装备的300辆坦克仅损失13辆，使北约将军们震惊不已。科索沃战争启发我们：在现代战争中以劣胜优仍有较强生命力，我们需要科学运筹，树立以现有装备打赢敌人的信心。

2. 空袭与反空袭是一种主要作战样式，要重视防空力量建设

科索沃战争是一场典型的空袭与反空袭作战。北约以空袭拉开战争序幕，并将空袭作为夺取制空权、打击南联盟有生力量、迫使南联盟就范的基本手段，使空袭作战贯穿战争全过程。在整个空袭过程中北约先后动用海军舰艇55艘，投入各型飞机1 200架，出动飞机3.8万多架次，发射、投掷各型导弹和炸弹2.3万余枚，对南联盟境内40多个城市的近500个军民目标及520个战术目标进行连续、高强度猛烈的空中打击。南军立足现有武器装备，运用“藏、骗、变、散、动”等灵活战法进行较为有效的反空袭作战，取得一定效果。据统计，南联盟在反空袭作战中共击落、击伤北约各型先进飞机98架(包括1架F-117A隐身战斗轰炸机)，拦截巡航导弹238枚。

科索沃战争中的空袭与反空袭战例告诉我们：要在未来信息化战争中掌握主动，夺取制空权，就必须重视防空力量的建设。

3. 战争威胁并不遥远，要增强国防观念

1999年5月8日(北京时间)，以美国为首的北约悍然使用导弹袭击我国驻南斯拉夫联盟共和国大使馆，造成3人死亡，20多人受伤，馆舍严重毁坏。这是严重违反国际法和国际关系准则的野蛮行径。当天，我国政府发表严正声明，强烈抗议北约野蛮侵犯中国主权，残暴践踏中国尊严的罪恶行径，要求以美国为首的北约对此承担全部责任，并保留采取进一步措施的权利。血的教训告诉我们：虽然和平与发展是当今世界的时代主题，

但天下并不太平，战争威胁并不遥远，要想赢得未来战争的主动，我们切不可忘记“兵者，国之大事，死生之地，存亡之道，不可不察也”的古训，不可淡漠忧患意识，必须增强国防观念。

三、伊拉克战争

伊拉克战争是新世纪以来高度信息化的“不对称”局部战争，虽然主要的作战行动仅仅持续 43 天，但这场战争持续近 9 年(2003 年 3 月 20 日—2011 年 12 月 18 日)，美国可谓“胜而不利”。

(一)战争起因

海湾战争后，美国为了推翻萨达姆政权，以伊拉克拥有“大规模杀伤性武器”为借口，抛开联合国安理会，直接对伊拉克发动战争。

(二)战争意图

1. 美国的战争意图

推翻萨达姆政权，建立亲美新政权，从而控制中东地区及其石油资源。其作战原则为：先发制人，直攻要害，多战并用，速战速决。

2. 伊拉克的战争意图

顽强抵抗，持久作战，以拖待变，争取国际舆论的声援和支持。其作战原则为：区分防守，军民一体，防反结合，持久制胜。

(三)战争准备和兵力部署

1. 美英联军战争准备和兵力部署

美国战争准备：美军于 2002 年初就开始制定对伊拉克的作战方案，并对作战方案进行 20 多次的研究和协调，最终形成代号为“1003”的作战计划。在 2003 年 3 月开战之前，确定以国防部长拉姆斯菲尔德为主的战略指导，运用特种部队和轻装地面部队，空袭作战、特种作战和地面进攻作战同时展开，形成快速决定性胜利。

2002 年 8 月，美军在本土进行“千年挑战—2002”演习，随后美军就陆续向海湾地区派出指挥人员，先后开设 6 个作战指挥机构：美国中央参谋部前进指挥所(卡塔尔，多哈赛利耶基地)、中央总部陆军参谋部(科威特，多哈兵营)、中央总部空军参谋部(沙特，苏丹王子空军基地)、中央总部海军参谋部(巴林，麦纳麦基地)、中央总部陆战队参谋部(巴林，麦纳麦基地)和中央总部特种作战参谋部(卡塔尔，多哈赛利耶基地)。

美英联军兵力部署：美军参战兵力约43万人(其中陆军约12万人、海军约6万人、空军约5万人、海军陆战队约4万人、特种部队约1万人、预备役部队约15万人)。美军进攻部队主要部署在伊拉克周边和附近盟国境内，以及地中海、波斯湾和阿曼湾附近海上。主要基地在科威特、沙特、卡塔尔、土耳其、希腊、匈牙利、吉布提、以色列等国境内以及印度洋的迪哥加西亚岛。英国参战兵力约4.5万人。

战前双方军力对比

美、英部队实力	伊拉克军队实力
•人员：该地区共有285 000名军人	•人员：武装力量总人数424 000人 预备役人员650 000人 安全部队15 000人 边防人员9 000人 共和国卫队30 000—40 000人
•空军：沙特驻有9 000人，700—800架战斗机(100架英战机)，包括：A-10“雷电”攻击机；F-16“战隼”战斗机(飞行速度：两倍音速；作战范围：925公里)	•空军：30 000人；约有300架飞机，仅有50%可用
•陆军：科威特驻军140 000人	•陆军：375 000名士兵；2 000辆坦克；3 700辆装甲车；200门多管火箭炮；375架直升机
•海军：船员和海军陆战队共有47 000人；7艘航空母舰	•海军：2 000人

图7-6　战前双方军力对比

2. 伊拉克战争准备和兵力部署

伊拉克战争准备：3月15日由萨达姆亲自签发第61号总统令，将全国平时设置的3个军区重新划分为4个战区，即北方战区、南方战区、幼发拉底河战区和中央战区，明确各战区防御作战的任务及使用的主要兵力。同时赋予4个新战区司令更多权利。

在战争来临之际，萨达姆将主要防空火力集中部署在巴格达附近，并将所有空军、防空军部队和地对地导弹部队都置于他本人直接控制。萨达姆还主持召开多名部长和将领参加的军事会议，落实伊军战前几经调整变更的防御作战部署，研究应对之策，以图在这场生死较量中进行顽强抵抗。

伊拉克兵力部署：伊拉克参战兵力约 107.4 万人(其中陆军约 37.5 万人、海军约 0.2 万人、空军约 3 万人、防空部队约 1.7 万人、预备役部队约 65 万人)。陆军编为 7 个军(包括 5 个正规军和 2 个共和国卫队军)，其中陆军第 1 军驻在基尔卡克“哈立德”兵营、陆军第 2 军驻巴库巴、陆军第 3 军驻巴士拉、陆军第 4 军驻阿马拉、陆军第 5 军驻摩苏尔。另外，2 个共和国卫队军分为南北两个作战群，南部 3 个师驻在卡尔巴拉、库特和迪亚拉；北部 3 个师驻扎在巴格达、基尔库克和摩苏尔地区。海军参谋部设在巴士拉，空军参谋部设在巴格达，防空部队编成北、中、南和西部 4 个防空作战区。

(四)战争经过

伊拉克主要战争从 2003 年 3 月 20 日开始到 5 月 2 日结束，共持续 43 天。其战争经过大致分为 4 个阶段。

1. 第一阶段(3 月 20—25 日，历时 6 天)

美英联军：精确打击，大举进攻伊中南部战略要地

美国中央情报局在 3 月 19 日向布什总统报告萨达姆和其他高级领导将于 20 日伊拉克当地时间凌晨 5 时左右在巴格达以南一座住宅召开会议，布什总统下达空袭命令，于伊拉克当地时间 3 月 20 日凌晨 5 时 30 分发起代号为“斩首行动”的空袭行动。空袭直指巴格达(萨达姆所在之处)，但没有成功。“斩首行动”第一轮空袭过后 1 小时，萨达姆便出现在电视上，呼吁伊拉克人民抗战。在“斩首行动”空袭后 12 小时，美英联军精锐地面主攻部队美军第 3 机步师、第 7 装甲骑兵团、海军陆战队和英军第 7 装甲旅、英国皇家海军陆战队第 3 突击旅，开始从伊科边界发起攻击，兵分五路向伊拉克腹地前进，将攻击目标直指巴格达。

地面主攻部队美军第 3 机步师从乌姆盖斯尔、赛夫万经过纳西里耶、纳杰夫开进到卡尔巴拉，前锋直指巴格达。25 日，该师距巴格达只有 80 千米；美国海军陆战队经巴士拉、乌姆盖斯尔向北推进；英军第 7 装甲旅、英国皇家海军陆战队第 3 突击旅主力向巴士拉推进。到 25 日止，美英联军分别在巴士拉、乌姆盖斯尔、纳西里耶、纳杰夫、卡尔巴拉等城市与伊军

交战。在地面部队大举进攻的同时，从 21 日晚到 25 日零时，美英联军对巴格达发起一场代号为“震慑行动”的大规模空袭，动用各种战机对伊首都巴格达、南部重镇等城市进行高强度、多方向、多波次连续空袭，以直接震慑伊军的抵抗意志，配合地面部队作战。在整个空袭过程中，美英联军每天平均出动各种战机 1 000 多架，最多时达 2 500 架，共发射各型炸弹 3 000 多枚、巡航导弹 320 多枚，使巴格达及南部重镇等 1 700 多个目标遭到轮番轰炸。

伊拉克：重点防御，顽强抵抗

在美英联军发动“斩首行动”后数小时，伊军陆续向科威特北部发射 7 枚“飞毛腿”导弹，并猛烈炮击进攻发奥半岛的美英联军。同时，伊军在巴士拉、纳西里耶、纳杰夫、卡尔巴拉等战略要地与美英联军激烈交战，给美英联军造成较大伤亡，在一定程度上迟滞美英联军的进攻速度。

2. 第二阶段(3 月 26—31 日，历时 6 天)

美英联军：调整作战行动，加大空袭强度

25—27 日，伊拉克境内出现强沙尘暴，美英联军地面进攻部队无法得到空中火力的直接支援。同时，由于美英联军高速推进、战线过长、后勤补给出现困难，造成弹药和给养不能及时补充到前线部队，迫使美英联军地面部队进攻速度明显放缓、强度减弱。与此同时，26 日美军再向海湾地区增加 3 万兵力(其中包括数字化的第 4 机步师)，并加强在伊周边地区调兵遣将，在地中海的数艘军舰经苏伊士运河南下驶向红海。在调整作战行动的同时，美英联军加大对巴格达、巴士拉等地的空袭强度，重点打击伊共和国卫队和阿拉伯复兴社会党成员等目标。

在 26—31 日的空袭中，不仅对伊领导机构、通信设施、指挥中心、防空设施等进行轰炸，同时对供电系统、电视台等目标进行空袭，使其基础设施损毁严重。

伊拉克：运用灵活战法，继续抵抗

伊军利用强沙尘暴天气作掩护，以小股分队广泛采取运动战、游击战等战法，对美英联军的先头部队、后勤补给分队和地面主攻部队翼侧等薄弱点发动袭击，使其防不胜防，心理上造成很大压力。另外，伊军还采用自杀式袭击等非常规作战手段袭击美英联军。如 3 月 29 日一名伊拉克军官在纳杰夫发动自杀性炸弹袭击，造成 4 名美军死亡，并摧毁 2 辆坦克和 2 辆装甲输送车。伊军通过多种战法取得一些战绩，但没有改变战场的整体不利形势。

3. 第三阶段(4 月 1—9 日，历时 9 天)

美英联军：攻占巴格达

美英联军经过兵力调整和对巴格达、巴士拉等主要城市及主要目标的轰炸，已经具备对巴格达进行合围和占领的条件。因此，美英联军兵分三路，从三个方向发起进攻。东南方向：美海军陆战队主力 2 日上午在库特渡过底格里斯河，沿高速公路迅速向巴格达开进。西南方向：美军第三机步师主力绕过卡尔巴拉逼近巴格达。北部方向：美军特种部队 3 日夜间从巴格达北部发起进攻并突入一座总统官邸，对巴格达形成围攻态势。同时，3 日夜间至 4 日凌晨，美英联军战机对萨达姆国际机场进行长时间空袭，随后第三机步师发起猛攻，4 日中午控制该机场。5 日，美军装甲编队两次突入巴格达市中心进行侦察，结果发现共和国卫队几乎没有组织抵抗。6 日，美军逐步夺取一些关键的道路和桥梁，并进一步收缩包围圈，后续部队到达攻击位置。7 日和 8 日，美军继续对巴格达市中心的一些目标发动攻击，经过与伊军不太激烈的城市作战，9 日美军完全占领巴格达，并用坦克推倒巴格达市中心广场的萨达姆塑像，象征着萨达姆政权的倒台。至此，美英联军的主要作战行动基本结束。

伊拉克：军队全部瓦解

在美英联军占领巴格达后，萨达姆及其军政要员突然集体“蒸发”，伊军官兵纷纷逃离战场，伊军在巴格达有组织的抵抗停止。

4. 第四阶段(4 月 10 日—5 月 2 日，历时 22 天)

美英联军：肃清残敌，着手安排战后事宜

美英联军夺取巴格达和巴士拉后，随即将攻击的重点转向北部重镇，先后攻占基尔库克、摩苏尔，于 13 日占领提克里特，14 日美国五角大楼宣布：伊拉克的主要战斗已经结束。从 16 日起，美英联军转入恢复社会秩序与清剿行动。

时任美国总统小布什于巴格达时间5月2日4时在从海湾返航的“林肯”号航母上发表讲话，称伊拉克战争主要战斗行动已经结束，联军在战争中取得胜利。

(五)战争启示

1. 重视国防动员体系建设，实现我国国防动员由传统动员向信息化动员的转型

伊拉克战争，美英联军能在用兵少的情况下，短时间内取得军事行动上的胜利，究其原因，除了双方在武器装备、作战理论等方面的“代差”外，其完善的国防动员体制、快速高效的动员效能，是取得胜利的重要因素。

战争中，美军武装力量动员呈现出有序分批进行、后备力量动员使用重点发生转移的特点。即动员的总兵力是在开战前后分几次完成、动员的后备力量大部分留在本土，主要担负“交通和能源领域以及具有象征意义的目标的安全警戒”任务，少数预备役人员补充到现役部队；在经济动员、武器装备生产和军需采购、交通运输动员等方面，在规定时间内完成3 000多枚“战斧”巡航导弹的储备，征集77艘大型混合滚装船和1 100余架各类运输机。

特别是在动员过程中首次依靠信息化的动员系统实施“精确化”动员，就是战争需要多少就动员多少，最大限度地减少积压，避免因战时大规模的经济动员给整个国民经济造成结构性的破坏；在政治动员方面，美国采取广泛开展外交斡旋、诱压并举等多种手段，最大限度争取国际社会的支持；在科技动员方面，共动员约2万名高科技人员进行战场技术保障；在后备力量动员方面，动员专业门类繁多、科技含量高，其中防化、通信、维修、扫雷等专业技术部队人员比重较大，科学编组和严格训练后，具有快速执行任务的能力。

伊拉克战争昭示人类战争形态向信息化战争发展的同时，也必将导致国防动员发生根本性的变革。因此，我国的国防动员建设必须尽快实现由传统动员向信息化动员转型。

2. 加强爱国主义教育，增强民族凝聚力

伊拉克战争，伊拉克在短时间内迅速失败，其原因除了伊拉克在经济实力、武器装备、作战理论等因素与美军存在巨大差距外，伊军的军心涣散、萨达姆的不得人心也是伊拉克政权迅速崩溃的根本所在。伊拉克国内的民族仇恨、不同宗教派别之间的权力之争、长达 12 年的被制裁和封锁、萨达姆政权的高压统治，使伊拉克民众长期陷入民不聊生的境地，造成绝大多数民众早已对萨达姆政权失去信心。

当战争进入到最关键时刻，人们期盼伊军精锐之师共和国卫队与美英联军激战时，战争却戛然而止。巴格达没有发生血雨腥风的巷战。巴格达陷落，萨达姆不见，大批高级军官消失，共和国卫队人间蒸发。在伊拉克战争中，伊拉克输掉的不仅仅是一场战争，它输掉的是顽强的抵抗意志、崇高的民族精神和强烈的爱国之心。

伊拉克战争告诉我们，战争不仅是国力、武器装备等物质力量的较量，也是精神力量的较量。在我国改革开放和经济体制改革继续深入进行中，在人们的价值取向发生重大变化的情况下，必须大力强化爱国主义教育，增强民族凝聚力。

3. 彰显新型武器装备威力，加快我军武器装备跨越式发展

在战争中美英联军大量使用信息化含量很高的新型武器装备，并起到重要作用。据统计，美英联军在伊境内共投掷各类炸弹 2.4 万余枚，其中精确制导炸弹(如微波炸弹、石墨炸弹、温压炸弹、钻地炸弹、贫铀炸弹和 CBU-105 集束炸弹等)占 80%左右。在开战的前 12 天中美国空军各型飞机投放的几乎全部是精确制导炸弹，就连由 C-130 运输机投放的重达 2.2 吨的巨型炸弹也都装备 GPS。另外，为提高突袭效能，美空军对 B-1 和 B-2 战略轰炸机进行紧急改装，攻击精度明显提高。同时，英军的精确打击能力也有所提高，“超级幻影”“开路”飞机全部发射高精度的新型空对地导弹。而美海军各型飞机投放的绝大部分也都是精确制导炸弹。

由此看来，伊拉克战争是美英联军新型武器装备的试验场，并进一步显示出武器装备在战争中的重要作用。同时，我军武器装备与发达国家相比还有一定差距。因此，我们必须坚持以科研为导向，自研与引进相结

合，走研发与改造并进的道路，加快实现我军信息化武器装备跨越式发展。

4. 必须重视新型作战样式，加强我军联合作战的研究和训练

伊拉克战争是美军自海湾战争以来投入军兵种最多、武器装备最多、作战时间较长的一场战争。战争中，美英联军依托信息系统和手段，战略、战役、战术各个层次整体筹划，在对伊拉克实施大规模空袭的同时，地面作战同步展开，并广泛实施特种作战、电子战、心理战、舆论战及各种非军事行动，以强大的一体化联合作战全方位震慑和打击伊拉克政权及其军队，不仅有效地加快作战进程，而且取得显著的作战效益。据统计，伊拉克战争中，美英联军的主要作战行动只有 21 天，人员伤亡只有 725 人（死亡 168 人）。

从伊拉克战争美英联军的作战特点来看，一体化联合作战是信息化战争中一种全新的作战样式。因此，必须着眼信息化条件下的作战要求，加强我军一体化联合作战的理论研究和军事训练。

四、俄格冲突

俄罗斯和格鲁吉亚双方并没有宣战，只是低烈度有限的局部冲突，因而称为俄格冲突更为合适。

(一)冲突起因

2008 年 8 月 8 日，第 29 届奥林匹克运动会的圣火在北京点燃。然而，就在各国选手在北京奥运赛场紧张比拼之际，格鲁吉亚突然派兵进入一直闹独立的南奥塞梯自治州，俄罗斯声称自己同胞的生命受到威胁，于是出兵干预，俄格武装冲突就此爆发。

(二)行动意图

1. 格军意图

用武力彻底解决南奥塞梯和阿布哈兹问题。结果被驱逐出南奥塞梯和阿布哈兹地区，重型装备损失惨重，作战潜力遭到严重削弱。

2. 俄军意图

将格军逐出南奥塞梯和阿布哈兹，恢复原有态势并削弱格战争潜力。

结果是俄军重新控制南奥塞梯和阿布哈兹地区，并继续驻扎维和部队。

(三)冲突准备和兵力部署

格军准备。2008 年 3 月，格军总参谋部就会同美国的军事顾问公司制订出一项绝密行动计划，代号为“恢复宪法秩序”。作战行动计划完成后，格军即开始着手进行作战准备，并于 2008 年 7 月上、中旬，与美军在格鲁吉亚境内进行代号为“立即反应—2008”的联合军事演习，美军和格军分别出动 1 200 人和 480 人参加演习。

格军兵力部署。以茨欣瓦利为主要突击方向，使用 2 个步兵旅在该方向进攻，力求快速分割、攻占茨欣瓦利，尔后在 2 个预备役旅和内卫部队支援下，向西北和东北方向发展进攻，控制南奥塞梯全境；使用 1 个特种旅在南奥塞梯西南部的列宁哥里方向实施辅助突击，另以 1 个特种旅进至扎瓦地区，切断罗克斯基隧道通往茨欣瓦利的通路，阻止俄军进入，造成对南奥塞梯军事占领的既成事实。格军指挥所在哥里地区开设，在哥里以东地区部署有“山毛榉”防空导弹部队。阿布哈兹方向，从陆上和海上三个方向对苏呼米实施进攻。主要进攻方向为加利至苏呼米的方向，使用一个半旅。在科多尔河谷上游至苏呼米方向使用部分兵力，切断克鲁霍尔斯基通道至苏呼米道路，阻止俄军进入阿布哈兹。另使用部分兵力从波季港出发，对苏呼米实施登陆作战。夺取苏呼米后，切断该市与俄罗斯的联系，进而攻占阿布哈兹全境。

俄军准备。在俄格军事冲突爆发之前，俄军就根据对格军可能采取军事行动的预判，着手进行战前准备，制定名为“强制和平行动”的作战预案。针对美、格军队的联合军演，俄军亦于 7 月 13 日全 8 月 1 日，在北高加索黑海至里海地区举行代号为“高加索—2008”的联合反恐演习。参加演习的有俄驻北高加索地区的陆海空军、空降兵、边防军、内卫军部队等，演习总导演为北高加索军区司令员马卡罗夫上将。俄军在演习过程中有针对性地演练兵力投送、海上作战、空中作战、组织防御、封锁冲突地域、进攻作战和武装管制冲突地域等科目，完全适应后来爆发的俄格军事冲突。部分演习地域就在罗格斯隧道附近。演习结束后，参演部队立即开始为实施“强制和平行动”进行作战准备。

俄军兵力部署。地面作战力量包括南奥塞梯方向集团和阿布哈兹方向集团。南奥塞梯方向集团由北高加索军区第 58 集团军司令员赫鲁廖夫中将指挥，主要由北高加索军区第 58 集团军第 19 近卫摩步师所属 135 团、503 团和 141 独立坦克营，以及驻车臣地区的第 42 近卫摩步师部分兵力等编成，负责击退在南奥塞梯方向进攻的格军，恢复对该地区的控制。阿布哈兹集团由总参战斗训练总局局长沙马诺夫中将指挥，主要由北高加索军区第 58 集团军第 131 摩步旅和第 7 空降师等编成，负责击退在阿布哈兹方向进攻的格军，恢复对该地区的控制。

图 7-7　俄军第 58 集团军作战编成示意图

（引自《联合作战战例解析》，解放军出版社，2010 年版）

空中作战力量，由俄空军第 4 空防集团军航空兵部队编成，主要任务是实施空中突击，打击格战略目标，支援地面部队作战行动。海上作战力量，由俄黑海舰队部分兵力编成，主要任务是对格实施海上全面封锁，输送俄部分地面作战力量在阿布哈兹沿岸实施登陆作战。

（四）冲突经过

主要分为格军进攻和俄军反击两个阶段。

1. 格军进攻

从8月1日起，格军与南奥塞梯武装就多次发生小规模冲突。3日，格军对茨欣瓦利等地持续炮击。俄罗斯开放俄、格边界，组织难民进入俄境内。4日，俄军开始向南奥塞梯边界集结，俄军驻南奥塞梯维和部队开始提高战备等级。8月6日傍晚，格鲁吉亚陆军炮兵部队开始向茨欣瓦利方向集结。

8月7日午夜，格军炮兵部队使用火箭炮、榴弹炮和大口径迫击炮突然开始炮击茨欣瓦利等目标。格空军使用强击机突击茨欣瓦利及附近村庄。由于南奥塞梯武装没有完备的防空体系，格军飞机毫无顾忌地对南奥塞梯武装和俄军维和部队等目标进行空袭。8日2时，格陆军第1步兵旅，以坦克装甲群为先导，向茨欣瓦利发动进攻，第3步兵旅1个营和第4步兵旅2个营的兵力协同第1旅实施攻击；格军特种旅部分兵力向茨欣瓦利以北的扎瓦进攻，在罗格斯隧道至茨欣瓦利的战略通道组织设伏，设置雷障，准备阻击俄军经罗格斯隧道进入南奥塞梯。

格军的强击机、攻击直升机对地面部队进行强有力的支援。南奥塞梯武装和俄维和部队进行顽强抵抗。5时左右，来自俄罗斯北奥塞梯的志愿军开始进入茨欣瓦利参加抵抗格军的进攻。战斗中，俄维和部队15人牺牲，100多人受伤，损失步战车和侦察车各1辆。12时，格军占领茨欣瓦利市中心。14时左右，格鲁吉亚又向南奥塞梯方向增派2个预备役营，以保持进攻锐势。

2. 俄军反击

俄军的反击从性质上区分，主要包括空中突击、地面反击和海上打击行动。

①空中突击行动。俄军的反击是以航空兵的全纵深突击揭开序幕的。8月8日，在俄地面增援部队到达之前，俄航空兵开始实施空中火力突击，支援俄维和部队和南奥塞梯武装力量。冲突当天，俄空军还对格纵深战略目标，包括格军的哥里军事基地、瓦兹阿尼军用机场和马尔涅乌里空军基地，以及距第比利斯40千米的格军防空雷达站等实施突击，彻底摧毁格军机场的起降跑道，并炸毁机场上的4架战机。9日，俄航空兵再次出动，

同时轰炸格鲁吉亚多个地区的战略目标，包括格黑海沿岸的波季港、格军第2旅驻地谢纳基市和第5旅驻地霍尼市的军事基地、科尔多河谷的格军目标等，第比利斯近郊的瓦兹阿尼军用机场也再次被轰炸。自此，俄军完全掌握战场制空权。之后，俄空军航空兵部队继续扩大战果，加大对格纵深重要军事目标、港口、机场、交通枢纽的轰炸。

②地面反击行动。俄军的地面反击是在南奥塞梯和阿布哈兹两个方向相继展开的。

南奥塞梯方向。8月8日凌晨，俄军先头部队——第58集团军第19近卫摩步师下辖的2个加强合成营，经南奥塞梯边界的罗格斯隧道进入南奥塞梯境内，沿达利阿比河谷左岸公路向茨欣瓦利开进。摩步42师从车臣的汉卡拉驻地出发，经纳兹兰、别斯兰、阿拉基尔、上扎拉马戈、罗格斯隧道进入南奥塞梯境内的扎瓦。由于格军部队事先在罗格斯隧道至茨欣瓦利的战略通道周边组织设伏，设置雷障，迟滞俄军开进，并造成俄军人员伤亡。俄军先头部队在南奥塞梯武装的协同下歼灭沿路设伏的格军，解除格军对该公路的封锁，保障俄军主力的快速开进。俄军进入南奥塞梯后，以部分兵力分别支援分散在各个哨所和检查站的俄军维和部队，主力则继续向茨欣瓦利开进。8日下午，俄军先头部队率先抵达茨欣瓦利南北郊区。当日，俄第58集团军司令员赫鲁廖夫中将率领1个作战组，包括新闻记者，随同第135摩步团的1个加强营进至茨欣瓦利东南郊。在进入茨欣瓦利市区时，遭到格军特种部队一部的伏击，赫鲁廖夫负伤，第135摩步团政治副团长阵亡。9日晨，俄军第135摩步团开始对茨欣瓦利格军阵地实施强攻，迫使格军撤出茨欣瓦利，解除格军对俄军维和部队的包围。随后，第503摩步团到达茨欣瓦利，超越维和部队阵地，进至茨欣瓦利南郊，从行进间对格军发起冲击，迫使格军放弃已经占领的防御阵地。当晚，俄军控制茨欣瓦利的大部分地区。22时，第135摩步团其他部队也进至茨欣瓦利南郊。

在地面部队快速推进和反击的过程中，俄军第76空降师的一部兵力于9日晨在茨欣瓦利附近地区空降，夺取茨欣瓦利附近的制高点和瓦利阿尼车站，切断格军预备队进入作战以及格军向茨欣瓦利地域运送弹药、武器和粮食的通道。此举对夺取战役的胜利至关重要。同时，俄军的“东方”特种营、“西方”特种营的2个车臣连也分别开往交战地区。

10日上午，驻普斯科夫的空降76师一部、驻伊万诺沃的空降98旅一部，以及驻莫斯科的第45独立侦察团的特种分队，搭乘运输机在别斯兰机场降落后，通过罗格斯隧道进入南奥塞梯。第42近卫摩步师的1个团也从扎瓦到达茨欣瓦利，占领茨欣瓦利东部的大利阿赫维河铁路桥后，进入茨欣瓦利。第693摩步团的一部也进入茨欣瓦利，增加俄军的进攻力量。随后，俄军开始对城内格军进行清剿。10日下午，格军集中3个机步营，在坦克的支援下对俄军实施反击，企图重新进入茨欣瓦利，但被俄军击退，大部分格军投降，部分从茨欣瓦利向哥里和第比利斯方向退却。随后，俄军立即开始对退却的格军实施追击，消灭大部分格军，追击行动一直持续到作战结束。

阿布哈兹方向。俄军在该方向的行动十分迅速，格军还没有按预定作战计划展开部署，俄军的反击就已经开始。格军基本上没有抵抗就全部开始撤退。8月9日，阿布哈兹武装在俄军支援下从两个方向推进至格、阿边界地区：一部进入东北方向的科尔多河谷上游的阿扎拉地区，牵制部署在该地区的格鲁吉亚军队；一部进入东南方向的加利地区，控制格鲁吉亚东西交通动脉，阻止格军可能实施的进攻。当日，俄第45独立侦察团一部由驻地莫斯科州库宾卡空运至苏呼米，协助阿布哈兹武装加强防御，控制格鲁吉亚东西交通动脉。10日，空降兵司令叶夫图霍维奇中将率第7空降师和北高加索军区第131独立摩步旅，共计9 000人，从诺沃罗西斯克港出发，由黑海舰队登陆舰输送至阿布哈兹首府苏呼米。11日，第7空降师占领祖格季季和谢纳基，第45独立侦察团一部实施直升机机降，占领波季港。之前，由于上述三地遭到俄空军轰炸，驻守谢纳基和波季的格军已经撤退。12日，在俄空军掩护下，阿布哈兹武装攻占并控制科尔多河谷，缴获格军大量的武器装备及格军进攻阿布哈兹的作战计划和作战地图。

③海上打击行动。8月9日，由俄黑海舰队“莫斯科”号导弹巡洋舰和“机灵”号护卫舰等组成的特混编队进抵格鲁吉亚海域，对格实施全面的海上封锁，切断格军的物资供应，特别是乌克兰和西方国家对格的武器供

应。10 日，在阿布哈兹海域巡逻的俄舰艇遭到格导弹艇挑衅。俄海军向 4 艘格舰艇开火，击沉 1 艘导弹艇。此举极大地震慑了格军和外部干涉力量，加快冲突的解决进程。这是俄海军自二战结束以来首次击沉外国舰艇。

8 月 12 日，俄罗斯总统梅德韦杰夫宣布“强制和平行动”结束。13 日，俄军宣布，俄军共阵亡 74 人，受伤 171 人，失踪 19 人，损失数十件装甲技术兵器和 4 架作战飞机。格方没有正式宣布其军队人员伤亡和装备损失的情况。同日，俄罗斯总统梅德韦杰夫与法国总统萨科奇达成 6 点和平协议。格方表示接受这一协议。俄、格军事冲突结束。格军被驱逐出南奥塞梯和阿布哈兹地区。格武装力量的重型装备损失惨重，战争潜力遭到严重削弱。根据俄、格双方达成的停火协议，俄罗斯获得在南奥塞梯和阿布哈兹地区部署 1 500 名维和士兵的权力，并可以在越过这两个地区 6 千米的范围内执行巡逻任务，实际上是在格鲁吉亚领土上建立起安全缓冲区。同日，俄罗斯宣布开始从格鲁吉亚撤军。22 日，俄罗斯完成撤军。

(五)冲突启示

1.“政略决定战略”，军事行动必须服从、服务于政治意图

一是俄军确定有限的军事行动目标，即将格军逐出南奥塞梯和阿布哈兹，恢复原有态势并削弱格战争潜力。从而确保行动可控性，收放自如，有力地配合政治和外交斗争的需要。二是准确把握冲突进程，快打快收，迅速达成军事行动目的，避免武装冲突长期化，导致西方指责干预，干扰国家发展稳定大局。三是打好政治仗，在冲突发生前，俄实际上已掌握格行动计划，但俄不动声色，让格打第一枪，争取政治主动。这启示我们：军事行动必须为政治意图服务。未来遂行作战任务，无论规模大小、形式如何，都必须把实现政治目的作为核心任务，以确保国家始终把握政治和外交上的主动权。

2. 快速反应、速战速决是俄军取得反击行动胜利的关键

“奇在速，速在果”，用兵之奇在于快，快之关键在于果断。俄军决策果断、行动迅猛，通过决定性的反击行动，实现以“闪击战”回击“闪击战”，保证以最小代价达成全胜的战略目的。新的“俄罗斯速度”和较高的战备水平给人们留下深刻印象。俄军第 58 集团军在接到命令后仅 2 小时

20分钟即已完成一切作战准备，并开始实施越境行动；对格鲁吉亚的战略分割只用了3天时间。这启示我们：应付局部战争不仅要求平时预有准备，而且要求具备很强的临机决断能力，谁能把平时准备与突然事变发生后的快速反应有机结合起来，谁就能很快控制住局面，推动事态向有利于自己的方向发展。

3. 成功运用舆论战、法律战和网络战，为军事行动提供有力支持

一是展开舆论攻势。在冲突之初，俄罗斯就加强对媒体的管控，并以俄罗斯媒体为主开展宣传攻势，大量报道格军违背维和协议、杀害无辜平民的做法，俄军是在格军首先发动入侵、造成南奥塞梯居民和俄军维和人员重大伤亡的情况下才被迫采取军事行动的。俄军还通过战地记者，将格民族矛盾和难民问题、格军的种种暴行、俄军的主要作战行动等对俄有利的镜头和报道传递给全世界。二是大打法律战。俄罗斯最大限度地利用法律武器有效破坏格鲁吉亚的形象和应对西方国家的指责。俄大量收集格军在作战过程中的种种“罪证”，揭露格鲁吉亚制造人道主义灾难，谴责格不顾奥运会开幕之际发动攻击，并要求联合国介入调查，使格鲁吉亚承受巨大的政治、外交和心理压力，也有效阻止有意偏袒格鲁吉亚的西方盟友的过分举动。三是实施网络战。在军事行动的同时，俄罗斯还积极利用网络展开攻势行动。俄方通过网站在互联网上大量传递俄文的相关报道和分析，配合直观且由俄方自己掌握的现场照片，不断将最新的现场信息公之于众，在国内外均取得积极效果。此外，俄还进行有目的、有组织的大规模网络攻击，使几乎所有的格官方网站都陷于瘫痪状态，不仅破坏格的媒体宣传、网络通信和交通调度，而且还直接影响格的战争动员和兵力调动能力。

4. 俄军空地协同不够严密，没能充分发挥联合作战的威力

一是空地间没有及时建立协同关系。俄、格冲突爆发后，空军的反应略显迟缓。在作战命令下达前，俄空军没有做好与陆军部队协同的各项准备工作。第4空防集团军的前进指挥所中没有及时建立陆空协调机构，也没有及时向陆军地面部队派出火力引导员。在作战命令下达后，俄军第58集团军的先遣部队立刻出发，但由于没有得到空中火力的掩护，致使先遣

部队在向茨欣瓦利开进的过程中遭受较大损失。坚守茨欣瓦利的维和部队在冲突爆发后的头14个小时内，也由于没有航空力量的支援，只能被动地忍受格军航空兵毫无顾忌的猛轰。二是陆航部队与地面部队协调关系不顺。陆航是支援地面作战的中坚力量，而在此次冲突中，俄军陆航部队没有发挥出应有作用。由于协调不及时，第58集团军原计划使用第4空防集团军的陆军航空兵在格军撤退路线上实施机降作战和直升机布雷的作战计划都落空。究其原因，主要是因为陆航部队与地面部队的协调关系不够顺畅。俄军在1998年改革时，将陆航从陆军中剥离，陆航部队直接归属于空军参谋部指挥。但作战实践证明，陆航部队与地面部队共同行动时，空军参谋部在没有陆军部队参与的情况下，很难独自拟制出科学完善的陆航作战计划，难以为地面部队提供及时有效的直接火力支援。三是缺乏训练有素的火力引导员。俄军改革后，陆航归属于空军，人员属于空军序列，这就从体制上割裂了陆航与陆军部队的联系。近年来，由于陆军航空兵经受几次大规模的裁减，陆军航空兵大批精通空地作战协同的专业骨干离开部队，俄空军只好将从空防集团军机关裁减下来的空军火力引导人员充实到陆军航空兵引导员队伍。这些引导员尽管对空军情况十分熟悉，但是对于陆军的作战特点和支援需求却知之甚少，难以满足陆军航空兵与陆军部队协同作战的需要。

5. 战略决策严重失误和作战筹划不周密铸成格军惨败

一是战略决策严重失误。格鲁吉亚总统萨卡什维利错误地估计战略形势，在战略决策上奉行冒险主义。认为俄罗斯不会真的出兵或大打，俄还会像以前一样“软弱退缩”，任凭格军打击南奥塞梯和阿布哈兹武装。同时，他过高估计格的军事力量，以为凭借北约装备训练的5个步兵旅和西方送的或改装的先进武器，就可以抵挡俄军进攻，争取时间，等待外部介入。此外，他还寄希望于美国和西方盟友会像处理科索沃问题那样进行深度介入，从而使该问题国际化，帮助格彻底解决统一问题。这必然从根本上决定格的最终失败。二是作战筹划不周密。战略思想上对开战后的严重形势估计不足，也导致格军作战部署不够周密，既没有将主要作战兵力集中使用于决定性方向，也没有有效控制战略要点，坚决堵住俄军的进攻通道。格军共有按北约标准组建和训练的 5 个步兵旅。开战时，第 2、3、5 步兵旅的部分兵力在阿布哈兹方向。在南奥塞梯方向作战的主要是第 1 步兵旅，第 3、4 步兵旅只有部分兵力协同第 1 步兵旅作战。格军在南奥塞梯这一决定性作战方向上的兵力严重不足，而且两个方向上的兵力比较分散，无法相互支援和配合。开战之初，由于格军没有牢牢控制或炸毁连接南奥塞梯与俄罗斯北奥塞梯的交通咽喉罗格斯隧道，俄军优势兵力得以源源不断从此处开进南奥塞梯。在南奥塞梯作战的格军第 1 步兵旅等虽然训练有素，但在俄军优势兵力面前，明显势单力薄，难以抵挡俄军进攻，这也加速了格军的失败。

附件1　《全民国防教育大纲》(2014年修订实施)

编者按：《大纲》对学生的国防教育进行规范，明确小学生的国防教育重点内容是国家领土及主权知识，国旗、国徽、国歌知识，党旗、军旗知识等；初中生的国防教育基本内容是国防与战争常识，中国国防简史，人民军队的性质、宗旨和优良传统等；高中要开展学生军事训练，并将军训成绩记入学生学籍档案；高等学校要设置军事理论课程，并要积极开设国防教育选修课。

第一章　总则

第一条　为了规范和加强国防教育工作，增强全民国防观念，促进建设和巩固强大国防，根据国防教育法和党中央、国务院、中央军委《关于加强新形势下国防教育工作的意见》，制定本大纲。

第二条　全民国防教育要高举中国特色社会主义伟大旗帜，以马克思列宁主义、毛泽东思想、邓小平理论、“三个代表”重要思想、科学发展观为指导，深入学习贯彻习主席系列重要讲话精神，紧紧围绕实现中华民族伟大复兴的中国梦和党在新形势下的强军目标，着眼维护国家主权、安全和发展利益，坚持以爱国主义为核心，紧贴形势任务，丰富教育内容，突出教育重点，创新方法手段，推进全民普及，努力使关心国防、热爱国防、建设国防、保卫国防成为全社会的思想共识和自觉行动，为建设和巩固国防奠定坚实思想基础，为全面建成小康社会提供强大精神动力。

第三条　全民国防教育的基本任务是：普及国防知识，培训军事技能，培育国防后备人才，激发爱国热情，强化国防观念，增强民族自尊心、自信心、自豪感和凝聚力、向心力，提高全体公民履行国防义务的自觉性。

第四条　国防教育贯彻全民参与、长期坚持、讲求实效的方针，遵循以下原则：

(一)经常教育与集中教育相结合。通过媒体宣传、活动培养、典型推动、文艺熏陶、环境渲染等途径，进行长期不懈、形式多样、生动活泼的国防教育，将教育融入公民日常的工作、学习、生活之中；利用全民国防教育日和其他重大节日、纪念日，征兵、民兵和预备役人员集训、人民防空教育培训、学生军训和少年军校活动等时机，有组织、有计划地开展国防教育。

(二)普及教育与重点教育相结合。坚持面向社会，面向全体公民，着眼国防建设现实需要与未来发展，突出领导干部、青少年和民兵、预备役人员，使国防教育既覆盖全民，又重点推进。

(三)理论教育与行为教育相结合。通过学习国防理论、普及国防知识等，引导公民认清建设巩固国防和强大军队的重要性，树立维护国家主权、安全和发展利益，富国和强军相统一，军民融合式发展等现代国防观念；通过组织军事技能培训，体验军事生活，参与国防建设实践，开展拥军优属、拥政爱民等活动，增强公民履行国防义务的意识和能力，把在国防教育中激发出的爱国热情转化为保卫祖国、建设祖国的实际行动。

第五条　国防教育的对象根据公民不同职业、社会分工，分为各级领导干部和党政机关其他工作人员，学生，民兵、预备役人员，工人，农民和其他社会人员，以及中国人民解放军、中国人民武装警察部队官兵等类别。应当针对不同对象，分类施教，保证国防教育效果。

第二章　国防教育的内容

第六条　国防教育的内容，应当突出爱国主义主旋律，着眼国家安全和发展战略全局，围绕实现中国梦和党在新形势下的强军目标，依据国防和军队现代化建设的理论和方针原则确定。

第七条　国防教育的基本内容是：

(一)国防理论。学习马克思列宁主义军事理论、毛泽东军事思想、邓小平新时期军队建设思想、江泽民国防和军队建设思想、胡锦涛国防和军队建设思想、习近平关于国防和军队建设重要论述；学习我国国防政策和军事战略，了解国防建设、军事斗争特别是信息化战争的理论，提高国防理论素养。

(二)国防知识。学习国家领土、领海、领空以及海洋权益知识，学习信息化战争知识、军事高科技知识、国防经济知识，了解人民军队的性质、宗旨和任务，了解我国的国防领导体制、武装力量体制、兵役制度和国防动员体制，掌握基本的国防常识。

(三)国防历史。学习我国国防与战争历史，进行爱国主义、集体主义、革命英雄主义教育，加强党史国史军史教育，着重了解中华民族为国家统一、独立、富强而浴血奋战的历程，了解中国共产党领导全国人民和人民军队在中国革命、建设和改革各个历史阶段建立的功勋，了解革命先烈、民族英雄和仁人志士的高尚品格和光辉事迹，激发爱国之心、报国之志。

(四)国防法规。学习宪法有关条款，学习国防法、兵役法、国防动员法、国防教育法、军事设施保护法、人民防空法等法律法规，明确国防义务与权利，增强履行国防职责、关心支持国防和军队建设的责任感、使命感。

(五)国防形势与任务。针对国际国内环境的发展变化，开展国家安全形势教育，引导公民认清国家安全面临的现实挑战和潜在威胁，了解世界新军事革命的发展态势，了解我国国防和军队建设的使命任务，增强国家安全意识、忧患意识和危机意识，大力支持国防和军队现代化建设。

(六)国防技能。组织开展学生军训和群众性的国防体育活动，了解掌握防空袭、核化生武器防护、战场救护、轻武器使用、单兵和分队战术技术等军事技能，强健体魄，磨炼意志，提高参与保卫国家的基本能力。

第八条　各地区、各部门可以根据形势任务的发展变化，结合国际国内重大事件和当地历史、人文、地域特点，区分不同教育对象，灵活设置教育内容，努力增强国防教育的主动性、针对性和实效性。

第三章　各级领导干部和党政机关其他工作人员的国防教育

第一节　领导干部的国防教育

第九条　各级领导干部担负着参与领导和关心支持国防建设的重要责任，是国防教育的重点对象，必须带头接受国防教育，积极参加国防教育活动。

第十条　领导干部应当具备与履行国防职责相适应的理论素养，熟悉有关国防法律法规，掌握国防建设的方针政策，树立马克思主义战争观；具备很强的国防观念，自觉履行国防义务，坚持经济建设与国防建设协调发展，积极关心支持国防和军队建设；具备必需的国防知识，了解国防历史与现状，认清国家安全形势，牢固树立国家安全意识和忧患意识、危机意识；具备一定的军事指挥素养和相应的组织动员能力，在战时或者平时处置突发事件中能够组织领导人民群众参战支前、维护稳定、开展自救互救。

第十一条　领导干部国防教育的内容重点是：马克思主义关于国防与军事的基本原理、毛泽东军事思想、邓小平新时期军队建设思想、江泽民国防和军队建设思想、胡锦涛国防和军队建设思想、习近平关于国防和军队建设重要论述，党和国家关于国防建设的方针政策，信息化战争知识、新军事变革知识、国防经济知识和现代国防科学技术知识，国家主权、国防历史和国防法律法规知识，国防形势与任务，基本军事技能。

第十二条　对领导干部的国防教育，采取以下措施进行：

(一)各级党校、行政学院、干部学院和其他各类干部院校，应当将国防教育纳入教学和培训计划，开设国防教育课程。内容和时间安排，由有关部门和院校结合实际做出规定。

(二)各地区、各部门党委(组)中心组理论学习，应当有计划地安排国防教育的内容。

(三)各地区、各部门应当按照统一安排，选送领导干部到有关军事院校接受国防教育培训。

(四)各地区、各部门应当采取举办国防知识讲座、形势报告、组织过军事日、参与军事演练等多种形式，对领导干部进行经常性的国防教育。

第二节　党政机关其他工作人员的国防教育

第十三条　党政机关其他工作人员应当有较强的国防观念和国家安全意识，具备基本的国防知识，掌握一定的军事技能；积极支持国防建设，自觉维护国防和军事利益。

第十四条　党政机关其他工作人员国防教育的内容重点是：马克思主义国防与战争理论，信息化战争知识和国防科普知识，国防法律法规知识，国家主权常识，国防历史与现状，国家安全形势，基本军事技能。

负责征兵、优抚、转业退伍军人安置、国防科研生产、国民经济动员、人民防空、国防交通、军事设施保护等单位和部门的工作人员，还应当学习和掌握履行职责所需的国防知识和技能。

第十五条　各级党政机关应当根据各自的工作性质和特点，结合在职理论学习与业务培训，采取形势报告、理论授课和经常性教育活动等形式，利用公务员特色实践教育基地等场所，对本单位工作人员进行国防教育。

对国家机关公务员的录用考试和考核考察，应当设置国防教育方面的内容。

第四章　学生的国防教育

第一节　小学和初级中学学生的国防教育

第十六条　小学和初级中学应当对学生进行基本的国防教育，培育学生的爱国主义精神和国防观念，掌握必要的国防常识。

第十七条　小学学生国防教育的内容重点是：国家领土及主权知识；国旗、国徽、国歌知识，党旗、军旗知识；人民军队的光辉战斗历程；民族英雄、革命先烈的光辉事迹；战时应急防护知识。

初中学生国防教育的基本内容是：国防与战争常识；中国国防简史特别是近代以来反侵略斗争的历史；人民军队的性质、宗旨和优良传统；国防科普知识；防空袭和核化生武器防护知识。

第十八条　对小学和初级中学学生的国防教育，应当采取课堂教学与课外活动相结合的方法，做到内容通俗易懂、形式活泼直观。

(一)小学和初级中学应当把国防教育列入教育教学计划，纳入德育、语文、历史、体育、科学等课程之中，做到进教材、进教案、进课堂。

(二)小学和初级中学可以利用课余时间，组织学生开展以国防教育为主题的少年军校、军事夏令营以及读书演讲、知识竞赛等形式多样、寓教于乐的教育活动。

(三)小学和初级中学可以根据需要聘请校外辅导员，协助学校开展多种形式的国防教育。

第二节　高级中学(含相当于高级中学的学校)学生的国防教育

第十九条　高级中学应当对学生进行比较系统的国防教育，增强学生的国防观念和国家安全意识，强化爱国主义、集体主义和革命英雄主义精神，掌握必要的国防知识与技能。

第二十条　高级中学应当开设国防教育教学课，内容主要包括：马克思主义军事思想；我国国防建设成就、国防方针政策和国防领导体制；人民军队的发展历程，性质、宗旨和职能任务；国防法律法规；武装力量知识；近现代国防历史；国防科技知识；信息化战争基本常识；国际战略环境与国家安全形势。

学生接受国防教育情况，应当进行考勤登记。

第二十一条　高级中学应当开展学生军事训练，军训成绩应当记入学生本人学籍档案。具体内容要求，按照教育部、总参谋部和总政治部联合颁发的《高级中学学生军事训练教学大纲》执行。

第二十二条　高级中学应当针对学生的特点和需求，经常开展丰富多彩、形式活泼的国防教育活动。

第三节　高等学校学生的国防教育

第二十三条　高等学校应当对学生进行全面系统的国防教育，增强学生的国防观念和国家安全意识，强化民族自信心、自尊心和自豪感，激发爱国主义、集体主义和革命英雄主义精神，掌握基本的国防知识与技能，全面提高国防素养。

第二十四条　高等学校应当设置军事理论课程，内容主要包括：马克思主义战争观；毛泽东军事思想、邓小平新时期军队建设思想、江泽民国防和军队建设思想、胡锦涛国防和军队建设思想、习近平关于国防和军队建设重要论述；中国国防概况；世界新军事变革与军事高科技知识；信息化战争知识；国际战略格局与我国安全形势。时间不少于36个学时。

对学生学习情况，应当进行严格的考勤考核，成绩记入档案。

在高等学校学习的国防生，军事理论课程应当作为其学位必修课，并计入学分，学时、内容由所在高等学校与军队有关部门商定，一般不少于120个学时。

高等学校在完成规定的学时之外，应当积极开设国防教育选修课和举办国防知识讲座。

第二十五条　高等学校应当开展学生军事训练，实际训练时间为 2 至 3 周，训练成绩记入学生学籍档案。具体组织实施，按照教育部、总参谋部和总政治部联合颁发的《普通高等学校军事课教学大纲》执行。

高等学校国防生的军事训练，按照教育部、总参谋部和总政治部的有关规定执行。

第二十六条　高等学校应当经常在学生中开展主题鲜明、形式多样的国防教育活动。

第二十七条　高等学校应当在核定的教师总编制内，按照国防教育的教学任务，配备相应数量的国防教育教师。军事机关派出派遣军官，协助开展国防教育教学和活动。

第五章　民兵、预备役人员的国防教育

第二十八条　军区、省军区(卫戍区、警备区)、军分区(警备区)和县(自治县、市、市辖区)的人民武装部，预备役部队和预编预备役人员的现役部队，应当按照国家和军队的有关规定，对民兵、预备役人员进行国防教育，筑牢国防观念，培育战斗精神，掌握现代国防知识和军事技能，增强参与、投身国防建设的使命感、责任感。

第二十九条　民兵、预备役人员国防教育的内容重点是：人民战争光荣传统，后备力量建设知识，信息化战争知识，民兵、预备役部队职能使命，战斗精神，国防法律法规。

第三十条　民兵、预备役人员的国防教育，应当纳入政治教育内容，利用组织整顿、军事训练和执行任务等时机，采取集中的课堂教育、随机教育、远程教育和个人自学等方式进行。对民兵干部、基干民兵和编入预备役部队、预编到现役部队的预备役人员，每年至少安排 4 次国防教育课。

第三十一条　民兵、预备役人员的国防技能训练，按照国家有关民兵、预备役人员参加军事训练的规定组织实施。

第六章　其他人员的国防教育

第三十二条　工人、农民和其他社会人员，应当自觉接受国防教育，

树立国防观念和国家安全意识，掌握国防常识，明确国防义务，积极关心支持国防和军队建设。

第三十三条　工人、农民和其他社会人员国防教育的内容重点是：爱国主义精神，我国国防方针政策，国防法律法规，国防科普知识，防空袭技能和核化生武器防护知识，基本的军事技能常识。

第三十四条　企业事业组织应当将国防教育列入职工教育计划，结合政治教育、文化建设、业务培训、体育活动等，对职工进行国防教育。

承担国防科研生产、国防设施建设、国防交通保障等任务的企业事业组织，应当根据所担负的任务，制订相应的国防教育计划，有针对性地对职工进行国防教育。

第三十五条　城乡基层组织应当将国防教育融入社会主义核心价值观培育之中，结合征兵宣传、拥军优属、军民共建以及重大节日、纪念日和全民国防教育日活动，对居民、村民进行国防教育。边疆民族地区要结合地域、历史和人文特点，加强对各族人民群众的国防教育，增强维护祖国统一、维护民族团结、维护社会稳定的责任感和自觉性。

各地应当把国防教育作为开展创建文明社区、文明村镇和“五好家庭”等评比活动的一项内容，推动国防教育进入千家万户。

第三十六条　人民团体和各类社会团体，应当根据各自的活动特点，对所属工作人员和所联系的公民群体进行国防教育。

第七章　保障措施

第一节　国防教育教员

第三十七条　国防教育教员根据工作性质，分为专职教员和兼职教员。专职教员主要承担高等学校、高级中学和相当于高级中学的学校国防教育教学和学生军事训练。兼职教员主要协助机关、学校、社区、农村和企业事业组织开展国防教育教学和活动。

第三十八条　国防教育教员应当从热爱国防教育事业，具有较高的思想政治素质、系统的国防知识和必要的军事技能、较强的组织和任教能力的人员中选拔。专职教员应当具备教师任职资格或者是军队派遣军官。非军队派遣军官担任国防教育专职教员，应当经过专门培训。

第三十九条　高等学校可根据军事理论教学和国防教育的需要配备专职教员，高级中学应当明确兼职军事教员。

第四十条　各级国防教育工作机构可以根据需要，聘用军地有关专家、学者，组建国防教育讲师团，为普及和加强国防教育提供师资保障。

驻军部队和军事院校，应当根据驻地需要，派出官兵担任国防教育教员，支持和配合地方开展国防教育。

第二节　国防教育教材

第四十一条　国防教育教材分为基本理论、基础知识、应用教材等。基本理论教材主要适用于国防教育学科建设，由国家国防教育办公室组织编写。基础知识教材主要适用于面向社会普及国防知识，由国家和省、自治区、直辖市国防教育办公室组织编写。应用教材主要适用于不同地区、不同类别教育对象开展国防教育，由国家有关部门或地方有关部门依据本大纲并结合本系统、本地区的特点组织编写。

第四十二条　国防教育教材未经审查不得出版发行。基本理论和基础知识教材，由国家国防教育办公室组织审查把关；应用教材由国家有关部门或省、自治区、直辖市国防教育办公室会同军地有关部门审查把关。

第四十三条　各地区、各部门可以根据需要，组织编写国防知识读本，用于辅助和补充国防教育教材。

第三节　国防教育场所

第四十四条　各地应当大力加强革命遗址、烈士陵园、国防园和其他具有国防教育功能的博物馆、纪念馆等场所的建设，充分利用这些场所开展国防教育。

第四十五条　各地应当按照《国防教育基地命名管理办法》，抓好国防教育基地的建设、管理和使用，充分发挥国防教育基地在开展全民国防教育中的作用。

第四十六条　各大中城市可以依托现有公园，建设国防教育主题公园，使干部群众潜移默化地受到教育和启迪。

第四十七条　军队的军史馆、荣誉室等场所，在不影响军事安全和保密的前提下，可以接待地方组织的参观学习。

第四节　检查考评

第四十八条　各级国防教育办公室应当会同同级党委、政府有关部门，对本地区国防教育情况适时组织检查考评，发现和解决问题，促进全民国防教育的落实。

检查考评的具体办法，由省、自治区、直辖市国防教育办公室会同有关部门，结合本地区实际制定。

第四十九条　各地应当将国防教育考评情况列入经济社会发展综合评价体系、双拥模范城(县)考评标准，纳入党政机关目标绩效管理考评体系。

第五十条　各地应当充分发挥人大、政协的作用，加强对落实国防教育法情况的监督检查。

第八章　附则

第五十一条　中国人民解放军、中国人民武装警察部队官兵的国防教育，按照中央军事委员会的有关规定执行。

第五十二条　本大纲自颁布之日起施行。

附件2 《学生军事训练工作规定》(2007年施行)

第一章 总则

第一条 为加强学生军事训练工作，保障军事技能训练和军事理论课教学任务的完成，依据《中华人民共和国兵役法》《中华人民共和国国防教育法》制定本规定。

第二条 本规定适用于各级教育行政部门、各级军事机关和普通高等学校、高中阶段学校(含普通高中、中等专业学校、技工学校、职业高中，下同)。

第三条 学生军事训练是指普通高等学校、高中阶段学校组织的学生军事技能训练和军事理论课教学，以及与学生军事训练有关的其他活动。

第四条 学生军事训练工作，必须围绕服务国家人才培养、服务国防后备力量建设开展，坚持着眼时代特征、遵循教育规律、注重实际效果、实施分类指导的方针。通过军事训练，使学生掌握基本军事技能和军事理论，增强国防观念、国家安全意识，加强组织性、纪律性，弘扬爱国主义、集体主义和革命英雄主义精神，磨炼意志品质，激发战胜困难的信心和勇气，培养艰苦奋斗、吃苦耐劳的作风，树立正确的世界观、人生观和价值观，提高综合素质。

第五条 开展学生军事训练工作，是国家人才培养和国防后备力量建设的重要措施，是学校教育和教学的一项重要内容。

第六条 普通高等学校、高中阶段学校具有中国大陆户籍的学生应当依法接受学校统一安排的军事训练；具有香港、澳门、台湾户籍的学生，本人自愿参加军事训练的，经学校批准后可以参加。

有严重生理缺陷、残疾或者疾病的学生，经本人申请和学校批准，可以减免不适宜参加的军事技能训练科目。

第二章 组织领导与实施

第七条 学生军事训练工作在国务院、中央军委领导下，由教育部、总参谋部、总政治部共同负责。

军区负责本区域的学生军事训练工作。省(自治区、直辖市，下同)、市(地区，下同)、县(市、区，下同)教育行政部门、军事机关，负责本区域的学生军事训练工作。

学生军事训练工作实行属地化管理。

第八条　各级教育行政部门和军事机关要加强对学生军事训练工作的组织领导，明确分工，各负其责，密切协作，加强指导和监督。

第九条　教育行政部门负责组织普通高等学校和高中阶段学校具体实施学生军事训练。军事机关负责向普通高等学校派出派遣军官，安排承训部队和帮训官兵，提供学生军事训练所需武器弹药的保障。

第十条　教育行政部门和军事机关应当建立联席会议制度或联合办公制度，定期分析情况，研究问题，提出做好学生军事训练工作的指导性意见。

第十一条　普通高等学校、高中阶段学校应当把学生军事训练工作纳入学校教育、教学计划，统筹安排。

第十二条　普通高等学校军事教学机构与人民武装部共同负责军事技能训练、军事理论课教学的计划安排和具体组织实施。

第十三条　高中阶段学校应当明确一名学校领导分管学生军事训练工作，指定具体部门和人员负责学生军事训练的计划安排和组织实施。

第十四条　根据国防和军队建设的需要，对适合担任预备役军官职务的普通高等学校学生，经军事训练考核和政治审查合格的，按照有关规定，办理预备役军官登记，服军官预备役。

第三章　军事技能训练和军事理论教学

第十五条　教育部、总参谋部、总政治部共同负责制定普通高等学校、高中阶段学校的学生军事训练大纲。

学生军事训练大纲是学校组织实施军事技能训练和军事理论课教学、进行教学质量评估和督导的依据。

第十六条　普通高等学校军事技能训练和军事理论课教学是在校学生的必修课程，学校应当统一规划、实施和管理。

高中阶段学校的学生军事训练纳入社会实践活动中组织实施。

第十七条　普通高等学校、高中阶段学校学生军事技能训练主要在学生军事训练基地或者在学校内组织实施，也可到军队院校和民兵、预备役部队军事训练基地驻训。

第十八条　普通高等学校组织实施学生军事技能训练所需的帮训官兵，由省教育行政部门提出计划，由省军区协调驻军部队、军队院校和武警部队、院校派出，或者报军区统一安排。高中阶段学校组织实施学生军事技能训练所需的帮训人员，由军分区或者县人民武装部协调驻军部队、武警部队和预备役部队帮助解决。

第十九条　普通高等学校应当加强军事理论课程建设，提高军事理论课教师的教学水平和科研能力，实施规范化课程管理。

第二十条　教育行政部门应当将普通高等学校军事技能训练和军事理论课教学作为学校办学水平评估的重要内容。

第二十一条　普通高等学校学生军事技能训练和军事理论课考试成绩、高中阶段学校学生军事技能训练和军事知识讲座考核成绩载入本人学籍档案。

第四章　军事教师和派遣军官

第二十二条　普通高等学校军事理论课教学由学校配备的专职军事教师、聘任的兼职军事教师和军队派遣军官共同承担。

第二十三条　普通高等学校应当根据军事理论课教学任务的需要，配备和聘任相应数量的专职军事教师。

普通高等学校专职军事教师的专业技术职务评聘纳入学校教师正常的管理渠道。

第二十四条　普通高等学校专职军事教师配发基层人民武装干部工作证和制式服装，佩戴基层人民武装干部领章、帽徽和肩章。普通高等学校专职军事教师在组织实施军事理论课教学时应当着制式服装。

第二十五条　普通高等学校专职军事教师和军队派遣军官应当具备普通高等学校教师的基本条件，具有良好的军事素质，掌握军事教育理论，熟悉军事理论课教学方法。

第二十六条　军队派遣军官，按照有关规定由派出单位进行管理，享受在职军官的同等待遇。军队派遣军官在普通高等学校任教期间，其课时补助费参照学校相同专业技术职务教师的补助标准执行，由所在学校发给。所在普通高等学校应当为军队派遣军官提供必要的工作、生活和交通保障。

第二十七条　高中阶段学校军事教师可采取兼职与聘任办法配备，选择热爱学生军事训练工作和具备良好军政素质的人员担任。

第二十八条　具备条件的普通高等学校、军队院校，应当承担普通高等学校、高中阶段学校军事教师的继续教育和培训任务。

第二十九条　各级教育行政部门和军事机关应当有计划地对高中阶段学校的兼职军事教师进行培训，培训时间每3年不得少于1个月。

第五章　学生军事训练保障

第三十条　普通高等学校和高中阶段学校组织实施学生军事训练所需的经费，按照现行财政管理体制，纳入学校主管部门预算管理，合理确定人均经费标准，实行综合定额拨款。

第三十一条　各级教育行政部门和军事机关开展学生军事训练工作所需的业务经费，商请本级财政列入经费预算，予以保障。

承担普通高等学校军事理论课教学任务的军队院校，所需的教学和工作经费，由省军区协调省财政解决。

第三十二条　全国每5年举办一次学生军事训练大型活动，所需的经费由教育部、总参谋部、总政治部向中央财政申请专项经费予以保障。

各省每3至5年举办一次学生军事训练大型活动，所需的经费由省级教育行政部门和军事机关向省财政申请专项经费，予以保障。

第三十三条　各省可根据学生军事训练任务，在普通高等学校集中的大、中城市建立学生军事训练基地，为学校实施规范化的军事技能训练提供条件。

民兵、预备役部队军事训练基地应当为普通高等学校、高中阶段学校实施军事技能训练提供保障。

第三十四条　教育行政部门和军事机关应当会同物价、卫生等部门对学生军事训练基地的基础设施、保障条件、日常管理等进行定期监督、检查，加强管理。严禁不具备条件的学生军事训练基地承担学生军事训练任务。

第三十五条　学生军事训练基地和民兵、预备役部队军事训练基地承担学生军事训练任务，不得以营利为目的。向普通高等学校、高中阶段学校收取经费的项目、标准应由省教育行政部门会同省物价部门制定；收取的经费主要用于学生军事训练及基地的维护和管理。

第三十六条　学生军事训练枪支属民兵武器装备，由军分区或者县人民武装部根据总参谋部的统一规划，予以保障。训练枪支在配发普通高等学校前，必须经过技术处理，使其不能用于实弹射击。

第三十七条　经军事机关批准，学生军事训练枪支可由普通高等学校负责保管。暂不具备保管条件的学校，训练枪支由军分区或者县人民武装部代管。

第三十八条　保管学生军事训练枪支的普通高等学校，应当建设合格的训练枪支存放库室，配备专门的看管人员，实行昼夜值班制度。普通高等学校应当按照国家和军队的有关规定对训练枪支看管人员进行政审。

第三十九条　军分区或者县人民武装部应当按照民兵武器装备管理的有关规定，对普通高等学校学生军事训练枪支存放库室的建设质量、安全管理、看管人员编配和设施配备情况进行验收和定期检查。

第四十条　普通高等学校学生军事训练所需的实弹射击枪支、弹药，由军分区或者县人民武装部负责保障和管理。

第四十一条　普通高等学校、高中阶段学校在学生军事训练期间必须进行安全教育，完善各项安全制度，制订安全计划和突发事件应急处置预案，严防在军事技能训练、实弹射击、交通运输、饮食卫生等方面发生事故。

各级教育行政部门和军事机关应当高度重视学生军事训练期间的各类事故预防工作，定期分析安全形势，适时进行督促检查，及时发现和处理安全隐患。

第四十二条　普通高等学校、高中阶段学校应当建立健全学生军事训练意外事故报告制度。学校和承训部队在军训中发生各类安全事故后，应当及时向所在地教育行政部门、军事机关及相关部门报告，并按照《学生伤害事故处理办法》及有关法律法规的规定妥善处理。事故处理完毕，要将处理结果及改进措施报告上级教育行政部门、军事机关。

第六章　奖励和惩处

第四十三条　对在学生军事训练中成绩显著的单位和个人，各级教育行政部门、军事机关和普通高等学校、高中阶段学校应当给予表彰、奖励。

第四十四条　对违反本规定，有下列行为之一的单位或者个人，由教育行政部门和军事机关责令其限期改正，并视情节轻重对直接责任人员给以批评教育或者行政处分：

(一)随意取消和压缩学生军事训练时间的；

(二)未按《普通高等学校军事课教学大纲》和《高中阶段学校学生军事训练教学大纲》规定完成军事技能训练科目和军事理论课教学内容的；

(三)在军事技能训练和军事理论课考试中违反纪律、弄虚作假的；

(四)挤占、挪用和不按财务规定使用学生军事训练经费的；

(五)违反规定向学校收取承训费或者向学生收取军事训练费用的；

(六)发生枪支丢失、人身伤害或者其他重大安全责任事故的；

(七)打骂或者体罚学生的。

有第(六)(七)项行为，情节严重、构成犯罪的，应当移送司法机关依法追究刑事责任。

第四十五条　对没有正当理由拒不接受军事训练的学生，按国家发布的学籍管理办法和学校有关规定处理。

第四十六条　对违反本规定，侵占、破坏学校军事训练场所、设施的单位或者个人，由教育行政部门、军事机关责令其限期改正、依法赔偿损失。

第七章　附则

第四十七条　各省级教育行政部门和军事机关可根据本规定制定实施细则。

第四十八条　本规定自发布之日起施行。

附件 3 《普通高等学校军事课教学大纲》(2019 年版)

依据《中华人民共和国国防法》《中华人民共和国兵役法》《中华人民共和国教育法》，以及国务院、中央军委有关文件精神，结合我国高等教育发展、国防和军队建设发展的实际情况，制定《普通高等学校军事课教学大纲》(以下简称《大纲》)。

一、课程定位

军事课是普通高等学校学生的必修课程。军事课要以习近平强军思想和习近平总书记关于教育的重要论述为遵循，全面贯彻党的教育方针、新时代军事战略方针和总体国家安全观，围绕立德树人根本任务和强军目标根本要求，着眼培育和践行社会主义核心价值观，以提升学生的国防意识和军事素养为重点，为实施军民融合发展战略和建设国防后备力量服务。

二、课程目标

普通高等学校通过军事课教学，让学生了解掌握军事基础知识和基本军事技能，增强国防观念、国家安全意识和忧患危机意识，弘扬爱国主义精神，传承红色基因，提高学生的综合国防素质。

三、课程要求

军事课纳入普通高等学校人才培养体系，列入学校人才培养方案和教学计划，实行学分制管理，课程考核成绩记入学籍档案。

军事课由《军事理论》《军事技能》组成。《军事理论》教学时数 36 学时，记 2 学分；《军事技能》训练时间 2～3 周，实际训练时间不得少于 14 天 112 学时，记 2 学分。课程内容含“必讲(必训)”内容(以“ * ”标识)和“选讲(选训)”内容(其他未标识者)，各学校可根据本校的实际情况在确保完成“必讲(必训)”内容的基础上，灵活选择“选讲(选训)”内容，但必须完成总学时。

普通高等学校要严格按纲施教、施训和考核，严禁以任何理由和方式调减、占用教学、训练内容和时数。

四、课程内容

(一)《军事理论》教学内容、教学目标与教学时数

<table>
<tr><th colspan="3">教学内容</th><th>教学目标</th><th>建议学时(小时)</th><th>备注</th></tr>
<tr><td rowspan="5">中国国防</td><td>* 国防概述</td><td>国防内涵、国防类型、国防历史与启示、现代国防观</td><td rowspan="5">理解国防内涵和国防历史，树立正确的国防观；了解我国国防体制、国防战略、国防政策以及国防成就，激发学生的爱国热情；熟悉国防法规、武装力量、国防动员的主要内容，增强学生的国防意识</td><td rowspan="5">10</td><td rowspan="5"></td></tr>
<tr><td>* 国防法规</td><td>国防法规体系、公民的国防权利与义务</td></tr>
<tr><td>* 国防建设</td><td>国防体制、国防战略、国防政策、国防成就、军民融合</td></tr>
<tr><td>* 武装力量</td><td>中国武装力量性质、宗旨、使命及武装力量构成，人民军队的发展历程</td></tr>
<tr><td>* 国防动员</td><td>国防动员内涵、国防动员主要内容及意义</td></tr>
<tr><td rowspan="3">国家安全</td><td>国家安全概述</td><td>国家安全的内涵、原则、总体安全观</td><td rowspan="3">正确把握和认识国家安全的内涵，理解我国总体国家安全观，提升学生防间保密意识；深刻认识当前我国面临的安全形势。了解世界主要国家军事力量及战略动向，增强学生的忧患意识</td><td rowspan="3">8</td><td rowspan="3"></td></tr>
<tr><td>国家安全形势</td><td>我国地缘环境基本概况、地缘安全、新形势下的国家安全、新兴领域的国家安全</td></tr>
<tr><td>* 国际战略形势</td><td>国际战略形势现状与发展趋势、世界主要国家军事力量及战略动向</td></tr>
<tr><td rowspan="4">军事思想</td><td>军事思想概述</td><td>军事思想的内涵、发展历程以及地位作用</td><td rowspan="4">了解军事思想的内涵和形成与发展历程，了解外国代表性军事思想，熟悉我国军事思想的主要内容、地位作用和现实意义，理解习近平强军思想的科学含义和主要内容，使学生树立科学的战争观和方法论</td><td rowspan="4">6</td><td rowspan="4"></td></tr>
<tr><td>外国军事思想</td><td>外国军事思想的主要内容、特点以及代表性著作</td></tr>
<tr><td>* 中国古代军事思想</td><td>中国古代军事思想的主要内容、特点以及代表性著作</td></tr>
<tr><td>* 当代中国军事思想</td><td>毛泽东军事思想、邓小平新时期军队建设思想、江泽民国防和军队建设思想、胡锦涛国防和军队建设思想、习近平强军思想</td></tr>
</table>

续表

教学内容			教学目标	建议学时（小时）	备注
现代战争	战争概述	战争的内涵、特点、发展的历程	了解战争内涵、特点、发展历程，理解新军事革命的内涵和发展演变，掌握机械化战争、信息化战争的形成、主要形态、特征、代表性战例和发展趋势，使学生树立打赢信息化战争的信心	6	
	* 新军事革命	新军事革命的内涵、发展演变、主要内容			
	机械化战争	机械化战争的基本内涵、主要形态、特征和代表性战例			
	* 信息化战争	信息化战争的基本内涵、主要形态、特征、代表性战例，战争形态发展趋势			
信息化装备	信息化装备概述	信息化装备的内涵、分类、对现代作战的影响以及发展趋势	了解信息化装备的内涵、分类、发展及对现代作战的影响，熟悉世界主要国家信息化装备的发展情况，激发学生学习高科技的积极性，为国防科研奠定人才基础	6	
	* 信息化作战平台	各国主战飞机、坦克、军舰等信息武器装备发展趋势、战例应用			
	综合电子信息系统	指挥控制系统、预警系统、导航系统等装备电子信息系统发展趋势、战例应用			
	信息化杀伤武器	新概念、精确制导、核生化武器装备等武器装备发展趋势、战例应用			

注：带 * 的为必讲课目，其余为选讲课目。

（二）《军事技能》训练内容、教学目标与教学时数

训练内容			教学目标	建议学时（小时）	备注
共同条令教育与训练	* 共同条令教育	《内务条令》《纪律条令》《队列条令》教育	了解中国人民解放军三大条令的主要内容，掌握队列动作的基本要领，养成良好的军事素养，增强组织纪律观念，培养学生令行禁止、团结奋进、顽强拼搏的过硬作风	40～56	
	* 分队的队列动作	集合、离散，整齐、报数，出列、入列，行进、停止，方向变换			
	现地教学	走进军营，学唱军营歌曲，走进爱国主义教育基地			

续表

<table>
<tr><th colspan="3">训练内容</th><th>教学目标</th><th>建议学时（小时）</th><th>备注</th></tr>
<tr><td rowspan="2">射击与战术训练</td><td>*轻武器射击</td><td>轻武器性能、构造与保养，简易射击学理，武器操作、实弹射击</td><td rowspan="2">了解轻武器的战斗性能，掌握射击动作要领，进行体会射击；学会单兵战术基础动作，了解战斗班组攻防的基本动作和战术原则，培养学生良好的战斗素养</td><td rowspan="2">20～28</td><td rowspan="2">在训练条件不满足时，可采取模拟训练</td></tr>
<tr><td>*战术</td><td>单兵战术基础动作、分队战术</td></tr>
<tr><td rowspan="3">防卫技能与战时防护训练</td><td>*格斗基础</td><td>格斗常识、格斗基本功，捕俘拳等</td><td rowspan="3">了解格斗、防护的基本知识，熟悉卫生、救护的基本要领，掌握战场自救互救的技能，提高学生安全防护能力</td><td rowspan="3">32～48</td><td rowspan="3"></td></tr>
<tr><td>*战场医疗救护</td><td>救护基本知识、个人卫生，意外伤的救护、心肺复苏，战场自救互救</td></tr>
<tr><td>*核生化防护</td><td>防护基本知识和技能，防护装备使用</td></tr>
<tr><td rowspan="6">战备基础与应用训练</td><td>*战备规定</td><td>战备规定主要内容、要求</td><td rowspan="6">了解战备规定、紧急集合、徒步行军、野外生存的基本要求、方法和注意事项，学会识图用图、电磁频谱监测的基本技能，培养学生分析判断和应急处置能力，全面提升综合军事素质</td><td rowspan="6">20～36</td><td rowspan="6"></td></tr>
<tr><td>*紧急集合</td><td>紧急集合要领、紧急集合训练</td></tr>
<tr><td>*行军拉练</td><td>行军拉练基本要领、方法，徒步行军实践，宿营</td></tr>
<tr><td>野外生存</td><td>识别和采集野生食物，寻找水源和鉴别水质，野炊</td></tr>
<tr><td>识图用图</td><td>地形图基本知识、地图使用训练</td></tr>
<tr><td>电磁频谱监测</td><td>电磁频谱监测基本知识、方法训练</td></tr>
</table>

注：带*的为必训课目，其余为选训课目；训练日按每天 8 学时计算。

五、教师发展

军事课教师是完成军事课教学目标的具体执行者和组织者，学校应当按照教学时数和授课学生数量配备相应数量的军事课教师。军队应完善派遣军官制度，按计划派出承训力量，军地双方共同完成军事课教学任务。

军事课教师必须在政治上从严要求，努力提高自身思想素质、军事素质和业务能力，积极参加教学改革和学术研究，不断提高教学质量，开创军事课教学科研工作新局面。

各级教育行政部门、军事部门和普通高等学校应当有计划地安排军事课教师接受继续教育和培训，不断改善知识结构，提高教育教学水平以及学历、学位层次，适应现代高等教育和军事课教学科研需要。

六、教材建设

建立和完善军事课教材建设、规划、编审管理制度。加强普通高等学校军事教学指导委员会建设，规范军事课教材编写和审查。实行教材准入制度。高校应选用优质教材进行教学，确保教材的政策性、权威性和规范性。

七、教学方法

坚持课堂教学和教师面授在军事课教学中的主渠道作用，重视信息技术和慕课、微课、视频公开课等在线课程在教学中的应用和管理。

军事理论教学进入正常授课课堂，严禁以集中讲座等形式替代课堂教学。军事技能训练应坚持按纲施训、依法治训原则，积极推广仿真训练和模拟训练，严禁违规开展商业化运营和市场化运作。

八、课程考核

军事课考核包括军事理论考试和军事技能训练考核，成绩合格者计入学分。学校要建立健全军事课考核规章制度，对考核组织实施程序、方法、标准、要求等进行规范。军事理论考试由学校组织实施，考试成绩按百分制计分，根据卷面成绩、平时作业、考勤情况和课堂表现综合评定。军事技能训练考核由学校和承训教官共同组织实施，成绩分优秀、良好、及格和不及格四个等级。根据学生参训时间、现实表现、掌握程度综合评定。军事课成绩不及格者必须进行补考，补考合格后取得相应学分。

九、教学保障

学校要加强军事课教学的组织保障、经费保障、训练场地保障。军用装备器材由各省军区(卫戍区、警备区)保障；军民通用装备器材由学校保障，纳入政府年度预算和学校经费保障范畴。

十、督导评价

军事课纳入国家教育督导体系，定期组织军事课建设教育督导。各省级教育行政部门会同军事部门成立军事课教学督导机构，制定本地区的评价方案，定期组织军事课程督导评价，充分发挥教育督导评价的导向和激励作用。通过定期举办学生军事训练营等教学展示活动检验军事课教学效果。各学校要建立军事课程评价体系和管理制度，并将军事课程评价纳入学校课程评价总体框架、教学质量年度报告和学校综合办学水平评估。完善高校军事课评价体系，把军事课纳入高校人才培养工作评估体系，作为办学评价的重要指标。

十一、附则

本《大纲》是普通高等学校开展军事课教学的基本依据，也是军事课教学教材建设和教学评价的重要依据。

本《大纲》于 2019 年 8 月起在全国施行。原《普通高等学校军事课教学大纲》(2006 年修订)废止。

参考文献

1. 国务院新闻办公室．新时代的中国国防[R]. 北京：人民出版社，2019.

2. 朱增泉．战争史笔记(修订版)[M]. 北京：人民文学出版社，2009.

3. 沈达政，张晓明．21 世纪大学生国防与军事理论教程[M]. 北京：经济科学出版社，2013.

4. 张国清．大学生国防教育：军事技能与军事理论[M]. 上海：同济大学出版社，2014.

5. 徐军智，芦保宏．大学生军事技能训练[M]. 北京：北京科学技术出版社，2003.

6. 岳阳，李江洲．军事技能教程[M]. 北京：解放军出版社，2008.

7. 周超，史前进．军事技能训练[M]. 郑州：郑州大学出版社，2014.

8. 吴春龙，韩云山．普通高等学校军事技能训练读本[M]. 沈阳：白山出版社，2013.

9. 刘明福．解放军为什么能赢：常胜之师战略技术全解密[M]. 北京：人民武警出版社，2012.

10. 徐焰．解放军为什么能赢：写给新一代人看的军史[M]. 广州：广东经济出版社，2012.

11. 军事科学院军事历史研究部．简明中国人民解放军战史[M]. 北京：军事科学出版社，1992.

12. 王正兴．这才是战争[M]. 武汉：武汉大学出版社，2013.

13. 朱文泉．岛屿战争论(上、中、下卷)[M]. 北京：军事科学出版社，2014.

14. 解放军总政治部．联合作战战例解析[M]. 北京：解放军出版社，2010.

后　　记

本书源于全国优秀博士学位论文作者专项基金项目(200981)，在项目研究基础上，我们陆续编著出版国防教育系列图书，初衷主要是适应新时代大学生国防教育需要，搭建起满足高校国防教育需求的书系。在编著过程中，我们充分领会新时代"加强全民国防教育"的要求，尽量在内容上通俗易懂，形式上便于教学和实际应用，努力将该书系打造成使用更广泛的军事通俗理论读物，希望该书不仅可以满足高等院校师生国防教育的需要，也能够满足广大干部群众对国防教育理论和军事技能训练的需要。

经过三年多时间，我们集中对书稿进行研究完善、反复打磨，终于得以成书。在此，感谢家人、朋友的鼓励和支持，是你们在书稿旷日持久的写作修改中给了我们足够信心和持久鼓励，感谢首都师范大学徐惠女士引荐，有幸得到首都师范大学出版社高立平社长的关心支持、陈谦副社长的指导帮助，也感谢责任编辑钱浩、林尧等老师的细心审校。该书系不仅熔铸了我们几十年国防教育研究和实践的心血，也凝聚着大家渴求高质量国防教育用书的殷切期盼。然而，国防教育毕竟任重而道远，承载着新时代泱泱大国屹立于世界民族之林的厚重。因水平和认识有限，书中难免存在纰漏，望读者朋友多加指正。

作　者

2022 年 4 月